생각이
실력이다

30여 년간 고전·철학·역사·문학에서 찾아낸 7가지 '생각 도구'

생각이
실력이다

야베 마사아키 지음 | 이예숙 옮김

솔트앤씨드

인생에 정답은 없다, 명답이 있을 뿐

당신이 아파트에 사는데 위층에 맞벌이부부가 산다고 가정해 보자. 매일 밤 늦게 세탁기 돌리는 소리가 나는데, 그 소음이 웬만큼 시끄러운 게 아니다. 당신이라면 어떻게 할 것인가? 당장 올라가서 저녁마다 세탁기 소리 때문에 도저히 시끄러워서 살 수가 없다고 언성을 높일 것인가? 변호사를 고용하고 내용증명을 보내는 식으로 세게 나갈 것인가? 이때 저자세를 취할 것인지, 고자세를 취할 것인지, 고자세를 취한다면 어느 정도 수위로 할 것인지 당신은 '선택'을 할 수 있다.

그런데 저자의 조언대로라면 우선은 저자세로 나가는 것이 좋을 것 같다.

"제가 얼마 전에 안 좋은 일이 있었거든요. 지금 너무 신경이 예민해서 아주 작은 소리에도 자다가 깜짝깜짝 놀라면서 깨요. 아마도 다른 사람이라면 괜찮을지도 모르겠습니다. 제가 너무 유별나지요? 불면증 때문에 괴로워서 그러니 저녁에 나는 소음에 대해서 조금만 신경 써주시면 고맙겠습니다."

이렇게 해서 내가 불쌍해 보이는 방법으로 저자세를 보인다면 상대는 '그래? 그럼 내가 신경 좀 써주지 뭐' 하고 세탁기 소음에 관해 어떻게든 협조할 가능성이 높다.

그런데 다짜고짜 감정부터 분출하면서 얼굴을 붉힌다고 해보자.

"아니, 대체 상식이 있어요, 없어요? 도대체 시끄러워서 잠을 잘 수가 없잖아요."

이때 당신은 목적을 달성할 수 있을까? 분명 상대가 잘못한 것이 사실임에도 불구하고, 일단은 그 순간에 화를 내는 사람의 말에 기분 상해서 더 소음을 심하게 낸다든지, 다른 방식으로 복수를 할 가능성도 있다.

당신의 목적은 어차피 소음을 줄이는 것이다. 감정을 분출하는 것이 목적이 아니다. 따라서 확실히 상대의 잘못이라고 해도 마음 놓고 언성부터 높이는 것은 좋지 않은 방법이라는 것이 저자의 주장이다. 게다가 소송으로 가는 것은 더욱더 권하지 않는다. 소송에서 이기기야 하겠지만 에너지 낭비에 시간 낭비, 돈 낭비까지 손해가 이만저만이 아니니 결코 좋은 선택일 수 없다는 것이다. 저자는 30년 넘게 국제변호사 일을 해오고 있는 사람이지만, 계속해서 다각도로 소송하지 않고 문제를 해결하는 방법에 대해서 이야기하고 있다. 민사소송의 본질은 '정의'와 '진실'을 밝히는 것이 아니라 '사적인 분쟁을 해결하는 것'이라고 파악하고 있기 때문이다.

변호사의 경험칙을 이야기하는 책이라고 하면 누군가는 법무 일을 하는 사람이 보는 책이구나, 라고 생각할지도 모르겠다. 그런데 사실은 변호사 이야기가 아니다. 비즈니스 이야기를 계속 언급하고 있는데, 사실은 비즈니스 이야기만도 아니다. 어떤 직업에 종사하는 사람이든 벗어날 수 없는 이야기들을 하고 있다.

내가 일하고 있는 외국어학원의 강사들도 마찬가지다. 어떤 강사들은 이렇게 이야기한다. "시간이 너무 모자라서 진도를 뺄 수가 없어요." 그 강사는 자기 나름대로는 너무나 성실하게 일하고 있는 사람이다. 하지만 왜 꼭 진도를 빼야 할까? 학생들은 그 진도를 따라가지도 못할 뿐 아니라 결국은 그 진도 때문에 지쳐서 아예 수업을 포기해 버리고 만다. 그렇지만 상위 실적의 강사들은 학생들이 그만두지 않으면서도 실력을 향상시켜 갈 수 있는 방법을 제시하는 사람들이다.

초보 변호사는 모든 분쟁을 소송으로 가져가려고 하지만, 베테랑 변호사는 그렇지 않다. 의사의 경우에도 20퍼센트의 의사는 실력이 없는 사람들이다. 장염과 장폐색은 증상이 비슷해도 치료법이 전혀 다르기 때문에 진단을 잘못 내렸다간 목숨을 앗아갈 수도 있다. 실력 없는 하위 20퍼센트의 의사에게 진료를 받았다가 큰일을 치를 수도 있는 것이다. 심지어 판사도 그렇다고 저자는 말한다. 어떤 판사는 정말 터무니없는 판결을 내리기도 한다는 것이다. 사람들은 정당하면 이긴다고 생각하지만 현실은 그렇지가 않다. 짙은 살인 혐의를 받고 있지만 풀려나는 사람이 있는가 하면, 죄를 짓지 않고도 유죄가 되는 사람도 있다. 중요한 것은 판례나 이론이 아니라 변호사의 역량이다.

생각을 하며 사는 사람이냐, 아니냐에 따라 일을 할 때도 일상생활에서도 삶의 질은 엄청나게 달라진다. 대부분의 사장님들은 시켜야만 일하는 사람보다 스스로 움직이는 사람을 좋아한다. 비 오는 날 화단에 물을 주고 있는 사람이 있다. "이건 제 일이거든요. 저는 화요일마다 화단에 물을 줍니다."라는 사람은 성실하긴 하지만 답답한 사람이다. 그러나 싸우지 않고도 이기는 사람이 있다. 그게 가능하려면 항상 깨어서 생각해야 한다. 인생에 정답은 없기 때문에 우리는 수많은 옵션을 생각할 수 있다. 이 옵션 발상 때문에 정답이 없는 인생에 명답이 나올 수 있는 것이다.

10년의 경력을 가지고 책을 쓰는 사람들도 많은데, 저자는 신입 시절의 경력을 빼고도 로펌 경영만 30년을 넘게 해오고 있는 인물이다. 평범한 내공과는 확실히 급이 다른 것이 느껴진다.

'생각한다'는 것에도 프로와 아마추어가 있는 것 같다. 스펙이 화려하고 일류대를 나왔지만 일을 할 때는 도무지 아무 생각이 없는 신입사원들이 많다고 괴로워하는 사장님들, 부장님들이 많이 보인다. 스펙은 눈에 보이지만 '생각하는 힘'은 눈에 보이지 않기 때문에, 엘리트를 뽑아놓고도 써먹지 못하는 무용지물 신입사원이 생겨나는 것이다.

80대 20 법칙이라고도 부르는 '파레토 법칙'으로 보면, 의사, 변호사, 판사, 기자, 그 어떤 직업에서든 실력으로 살아남는 사람은 20퍼센트에 불과하다. 나머지 80퍼센트는 있어도 그만 없어도 그만인 사람이거나 조직에 도움은커녕 나쁜 기운을 가져다주는 사람이다.

살아남은 20퍼센트의 사람 중에서도 정말 특출한 사람, 최고의 소득을 올리면서 그 누구도 가지 않은 전인미답前人未踏의 길을 가는 특별한 사람은 단 1퍼센트에 불과할 것이다.

10여년을 훨씬 넘게 강의하면서 나 또한 파레토 법칙을 절감하고 있다. 내 수업에는 '졸업'이라는 시스템이 있다. 프리토킹이 되고, 원서를 자유자재로 읽게 되고, 능력시험 1급(현재 N1) 취득, JPT 850점을 넘으면 더 이상 강의를 듣지 않아도 된다. 그러나 재등록 90퍼센트에 가까운 내 수업에서도 졸업하는 사람은 단 1퍼센트에 불과하다.

우리 회사 직원들이 스스로 알아서 일해줬으면 좋겠다고 생각하는 사장님들, 1퍼센트 일 잘하는 사람들은 무엇이 다를까 의문을 가지는 사람들, 이력서를 100장 썼지만 취업이 되지 않는다고 고민하는 사람들이 있다면 이 책을 꼭 읽어보길 권한다. 이 책 한 권으로 나의 인생에도 큰 변화가 있었음을 고백한다.

마지막으로 논어의 한 구절을 떠올려 본다. '학이불사즉망 사이불학즉태學而不思則罔 思而不學則殆'. 배우고도 생각하지 않으면 얻는 것이 없으며, 생각만 하고 배우지 않으면 위태로워진다.

이예숙

배우고 생각하지 않으면 얻는 것이 없다
學而不思則罔

　우리의 인생은 어떻게 생각하느냐, 즉 사고력에 의해 만들어진다. 우리의 생각이 현재를 만들어냈고, 또 미래도 결정한다. 철학자 파스칼의 말처럼 '인간의 존엄성은 생각 속에 있다'.

　같은 변호사라도 베테랑과 아마추어는 장기의 프로와 아마추어만큼이나 큰 차이가 난다. 아마추어의 생각은 구부러지고, 비틀어지고, 방향부터 잘못 잡는 경우가 많다. 이유는 기본이 부족하기 때문이다.

　나는 30년 넘게 변호사라는 업에 종사해 왔다. 그 경험에서 얻은 '세상을 사고思考하는 법'을 로펌의 젊은 변호사들에게 기회가 있을 때마다 들려준다. 이 책은 그중에서 7가지 '사고의 기술'을 선택해 해설을 덧붙인 것이다. 내 경험칙으로 쓴 책이지만 '법적 사고'를 말하는 것은 아니다. 비즈니스와 일상생활에서 통용되는 '사고법의 기본'을 다루고 있다.

① 구체적으로 생각하기

일반적으로 우리가 손에 쥘 수 있는 사실fact는 대부분 애매모호하다. 불충분한 데이터를 바탕으로 결론을 내기 때문에, 판단에 착오를 일으킨다. '생각한다'고 하는 것은, 애매한 사실을 파헤쳐 구체적이고도 세밀하게 각자의 개별적인 대응책을 만들어내는 것이다. 추상론, 형식론, 정신론은 대상을 구체적으로 생각하지 않는 그릇된 예다.

② 옵션의 발상

'생각한다'는 것은 상하, 전후, 좌우 다방면의 각도에서 해결책을 찾아보는 것이다. 시도도 하기 전부터 '어차피 안 될 것'이라고 포기해서는 안 된다. 우리가 취할 수 있는 옵션은 무한하다.

옵션을 가능한 많이 생각해 보기 위해서는 상식을 버려야 한다. 이때 극론極論을 생각해 보는 것이 상식을 탈피하는 데 도움을 준다.

그러나 왼쪽이냐 오른쪽이냐, 흑이냐 백이냐의 이분법적 생각은 대중적으로는 인기를 얻을지 모르지만 저속하다.

③ 직시하기

우리들의 사물을 보는 견해는 권위나 전통이라는 필터에 의해 방해받고 있다.

이 필터를 벗겨내고 사물의 본질에 접근하기 위해서는 '직시直視'하는 것이 효과가 있다. '훈장勳章은 노인의 장난감일 뿐이다'라는 식으로 생각해 보는 것이다. 권위 있는 것들이라고 해서 무조건 신봉해서는 안 된다. 매스 미디어에 자주 얼굴을 내미는 유명인도 그 명성에 걸맞는 인물은 20퍼센트 정도의 사람뿐이다. 사물의 직시는 사고력에 깊이를 더해 준다.

④ 공감하기

스펙이 좋다든가 우수한 사람일수록 자신의 의견이 옳다고 생각해 다른 사람의 생각을 배척한다. 하지만 실제로 사회에서 부딪히는 문제들은 '정답'이라는 것이 존재하지 않는다. 문제에 잘 대처하려면 반대의견에 귀를 기울이고, 소수의견에서 뭔가 배우려고 하는 마음가짐이 필요하다.

타인의 생각에 공감하지 못하는 자는 다른 사람의 고통이나 어려움을 알지 못해 판단을 그르치기 쉽다. 원만한 인간관계를 위해서는 정서적 공감력과 인지적 공감력이 필요하다. 자기중심적 사고방식을 버리고, 부하직원이나 타인에게 공감할 수 있는 사람이야말로 훌륭한 리더라고 말할 수 있다.

⑤ '설마'를 준비하기

우리 인생에서 계획에 없었던 돌발적인 사고는 수도 없이 일어난다. 가까운 미래라면 30퍼센트, 먼 미래라면 70퍼센트 정도의 우발적 사고가 일어난다. 제 아무리 논리적으로 계획을 세워도 인생이 우리 생각대로 되지 않는 것은, 인과관계의 흐름이 사람의 지혜를 넘어서는 영역이기 때문이다.

예상외의 사태에 대비하기 위해서는 이중삼중으로 철저히 준비하는 자세가 필요하다. 어떤 방침을 정하더라도 그것에 집착하지 말고 '그럴지도 모르지만 안 그럴지도 모른다'고 유연하게 사고해야 한다. 그렇게 상황 변화에 즉시적으로 대처할 수 있어야 한다.

⑥ 주체적으로 생각하기

'생각한다'고 하는 것은 전투다. 스스로 생각하겠다는 자립의 기개가 있다면 난제도 반드시 해결할 수 있다.

세상을 사고하는 법에는 '밀착형密着型', '반신형半身型', '조감형鳥瞰型'의 세 가지가 있다. 밀착형보다는 반신형, 반신형보다는 조감형 쪽이 유익하다.

또 스스로 생각하기 위해서는, 어떤 경우라도 '사실을 확인'하고 '근거를 제시'할 수 있어야 한다. 이 작업을 생략한다는 것은 타인의 의견을 이해하지도 못한 채 무조건 받아들이는 것과 같다.

⑦ 멀리 보기

일에는 반드시 징조가 있다. 오감을 곤두세워 현실을 바라보면 빙산의 일각에서 전체상을 볼 수가 있다. 문제에 적절히 대처하기 위해서는 높은 곳에서 전체를 조망하는 것이 중요하다. 하지만 먼 곳만 응시하며 걷다가 발밑에 있는 돌부리에 걸려 넘어져서는 안 된다. 때로는 먼 곳을 때로는 가까운 곳을 보는 원근법 사고야말로 자유자재로 생각하는 사고력을 키우기 위해서 필요한 것이다.

　이 책에서 인용하는 에피소드는 실제로 내가 경험한 것을 토대로 하고 있지만, 의뢰인의 사생활 보장을 위해서 내용을 수정하기도 하였다. 그렇기 때문에 어디까지나 하나의 이야깃거리로서 읽어 주었으면 좋겠다.

　이 책이 출판되기까지 많은 도움을 준 출판사 관계자에게 진심으로 감사하다는 말을 전하고 싶다. 특히 요시다 히로시로부터 원고의 편집, 구성 등에 관해 귀한 의견을 들을 수가 있었다. 카라사와, 카오루 두 사람은 자료의 수집, 원고의 교정 등에서 많은 도움을 받았다.

　마지막으로 아내 마키코에게도 깊은 감사의 말을 전한다. 결코 짧지 않은 긴 여정을 나와 함께 해주고, 이 책의 내용에 대해서도 많은 힌트를 제시해 주었다.

야베 마사아키

목차

제1장

애매한 정보로는
아무것도 할 수 없다

구체적으로 사고하라

1

사실을 직시하는
능력 테스트

◆
◆
◆

떨어진 은행을 주워가면 절도죄인가?

변호사 경력에 따라
다른 해석

내가 살고 있는 집 근처에 신사神社가 하나 있다. 신사 경내에는 큰 은행나무 몇 그루가 있는데, 가을이 되면 엄청난 양의 은행이 떨어진다. 매일 아침 신사 주변에 사는 주민들이 은행을 주워가는데, 이 행위는 절도죄에 해당할까?

형법 제235조(일본 형법을 말함)에 "타인의 물건을 훔친 자는 절도죄에 해당하며, 10년 이하의 징역에 처한다."라고 되어 있다.

나는 우리 회사 사무실 사람들에게 이 경우 절도죄에 해당하는지를 물어보았다. 대답은 '절도죄에 해당한다', '해당되지 않는다', '경우에 따라 다르다'는 의견으로 갈라졌다.

① 절도죄에 해당한다(일반 스태프)

은행은 재물이므로 절도죄에 해당한다.

② 절도죄에 해당하지 않는다(아르바이트 학생 S군. 문학부 박사 과정)

공공시설에 비치되어 있는 무료 팸플릿과 같은 경우이므로 절도죄에 해당하지 않는다.

③ 경우에 따라 다르다(법무 스태프)

경내에 떨어져 있는 경우는 절도죄에 해당한다. 신사 밖에 떨어져 있는 경우는 해당하지 않는다.

④ 경우에 따라 다르다(짧은 경력의 변호사)

일상적으로는 절도죄가 성립되지 않는다. 다만, 신사가 울타리를 치거나 은행 주위가는 것을 금지할 경우는 절도죄가 성립된다.

⑤ 경우에 따라 다르다(경력 10년 이상의 변호사)

주운 장소가 신사 안이냐 밖이냐, 주운 양이 많은가 적은가, 그리고 은행의 재산적 가치 유무 등을 반영하면 절도죄에 해당될 수도, 안 될 수도 있다.

깊이 생각하지 말고 직감으로 대답하라고 했지만, 역시 법률 경험의 유무는 사건 해결의 중요한 요소가 되는 것 같다.

법률이라고 하는 것은 해석 여하에 따라 형벌에 처하기도 하고, 손해배상을 명령하기도 한다. 해석 여하는 사람의 생명, 신체, 자유, 재산에 중대한 영향을 끼친다. 그렇기 때문에 필요한 자료를 충분히 수집하지 않으면, 법률 판단은 어렵다.

병과 치료법의 관계에도 비슷한 부분이 있다. 장염과 장폐색은 복통을 일으킨다는 공통점이 있지만, 치료법은 완전히 다르다. 장폐색을 장염으로 잘못 오진했다가는 목숨을 앗아갈 수도 있다.

전제가 되는 사실fact을 오진하면, 그 후에 내리는 처방은 목숨을 앗아갈 수도 있는 것이다. 병명을 정확히 알지 못하면 치료가 불가능한 것과 같은 이치다.

정보가 부족할 때는
어떻게 해야 할까

이 사건의 포인트는 '타인의 재물'을 훔쳤다고 보는가 그렇지 않은가 하는 점이다.

① 은행이 타인의 재물에 해당하는지 여부

은행을 신사의 소유로 볼 것인가?

② 은행의 재물로서의 가치 여부

은행에 재산적 가치가 있는가?

이상 2가지 질문에 예스Yes가 아니라면 절도죄에 해당하지 않는다. 그러나 질문이 좀 애매하다. 좀 더 구체화하지 않으면 신사의 은행 소유 유무도, 은행의 재산적 가치도 불분명하다.

신사가 은행을 소유하는가 여부는 은행이 떨어져 있는 장소에 따라 달라진다. 신사 안에 떨어져 있는 은행에 대해서는 문제가 되지 않는다. 신사 안쪽이 아닌 바깥쪽에 떨어져 있을 때 그 거리가 30센티미터, 3미터, 30미터, 또는 그 이상의 거리인 경우 대답은 달라진다.

은행의 재산적 가치에 대해서도, 단지 떨어져 있었다고 해서 일률적으로 가치가 없다고 말할 수는 없다. 예를 들어 은행 22알이 들어 있는 팩을 슈퍼마켓에서 1천300원에 팔고 있다고 가정하면, 한 알에 60원 정도의 가치가 있다고 볼 수 있다.

이처럼 은행에 재산적 가치가 있다 해도 주운 양에 따라 대답은 또 달라진다. 두세 알인지, 양손에 흘러넘칠 정도인지, 큰 비닐봉지에 한가득인지, 두 봉지 한가득인지, 딱 한 번 주운 것인지, 동일 인물이 매일 많은 양을 주워가는지에 따라 답은 달라진다. 양에 따라 수백 원, 수천 원의 가치가 있을 수도 있고 수만 원, 수십만 원 이상의 가치가 있을 수도 있다.

사실 이 외에도 확인해야 할 문제는 많이 있다.

신사 측은 신도들 외에 일반인이 은행을 주워가는 행위를 인정하고 있는지의 여부도 중요하다. 은행 줍기는 언제부터 행해진 것인지, 최근 시작된 일인지, 아니면 10년, 20년, 더 오래 전부터 관행이었던 것인지도 따져볼 수 있다. 은행을 주워가는 것은 유치원 이하의 꼬마들인지, 초등학생 정도인지, 여러 상황에 따라 대답은 미묘하게 달라진다.

여러 사실을 구체적으로 알게 되면 대답은 쉬워진다. 하지만 이 경우는 질문 자체가 애매하기 때문에 대답도 다양해진다. 즉, 이 질문은 확실한 정보 제공이 없기 때문에 명확한 대답 또한 불가능하다. 유죄냐, 무죄냐를 판단하는 데 필요한 충분히 확인된 사실이 없기 때문이다. 더 확실한 정보들을 조사해 알아내지 않는다면 결론은 나지 않는다.

그러나 비즈니스 실무에서는 충분한 정보가 없는 상태에서 해결해야만 하는 사건들이 많다. 따라서 "상황에 따라 유죄도 무죄도 될 수 있다."라고 대답한 경험 10년 이상 변호사의 의견도 실무에서는 그다지 도움이 되지 않는다. 경력과 상관없이 일을 잘하는 변호사라면 은행을 주운 장소, 주운 양 등 두세 개 예를 들어가며 유죄, 무죄를 논할 것이다.

다음의 예처럼 구체적으로 생각해 보자.

① 신사 안에서 많은 양을 주운 경우

② 신사 안에서 소량을 주운 경우

③ 신사 밖에서 많은 양을 주운 경우

④ 신사 밖에서 소량을 주운 경우

애매한 정보만으로는 명확한 답을 찾을 수 없으므로, 여러 경우를 예측해 정보를 수집하고 조사해야만 한다.

앞의 질문에서 "공공시설에 비치되어 있는 무료 팸플릿과 같은 경우이므로 절도죄에 해당되지 않는다."라고 대답했던 박사 과정의 아르바이트생 의견과 관련해 이야기하면 이렇다. 신사는 종교 법인이기는 하지만 공공시설은 아니다. 은행은 무료 팸플릿과는 달리 그 양에 따라서 금전적인 가치가 있다. 그러므로 '신사의 공공시설론'은 성립되지 않는다.

사실을 외면해 버리는
고정관념

프로 변호사에게 필요한 역량은 사물을 추상적으로 보는 눈이 아닌,

구체적으로 사고하는 힘이다. 즉, 구체적 사실을 수집하고 구체적으로 대책을 세우는 일이다.

그럼에도 불구하고 일을 못하는 변호사는 불충분한 정보를 가지고 기계적으로 판단해 버린다. 그 사건만이 가지고 있는 열쇠가 있는데도 다용도 만능키로 해결하려 한다. 그 사건을 해결할 수 있는 별도의 키key가 있는데도, 어떤 변호사는 판단과 해석을 달리 내린다.

물론 사실이 드러나지 않고 애매한 경우에는 다양한 답이 제시되는 것은 당연하다. 실제로 현실 세계에서는 사실 여부가 불확실하고 다양한 경우가 허다하다. 그러나 실무에서는 애매한 상태의 불확실한 사실도 구체적으로 밝혀내지 않으면 의미가 없다. 그렇기 때문에 눈앞에 있는 사실, 즉 정보가 애초부터 잘못된 정보는 아닌지, 정보가 부족하지는 않은지, 추측에 불구한 건지 여러 각도로 생각할 수 있어야 한다.

그런데 무능력한 변호사는 사법고시를 준비할 때 암기했던 이론적인 지식으로만 문제를 해결하려 든다. 눈앞의 사실, 즉 정보가 잘못된 것임에도 불구하고 확실하다고 굳게 믿어버린다. 이처럼 필요한 자료를 충분히 수집하지 않으면 법률 판단은 어렵다.

앞에서 언급했던 것을 기억하는가? 장폐색을 장염으로 오진했다가는 목숨을 앗아갈 수도 있다는 사실을 말이다. 전제가 되는 사실을 오진하면, 그 후에 내리는 처방은 목숨을 앗아가는 처방이 된다. 병명을 알지 못하면 당연히 치료는 불가능하다. 이처럼 무능력한 변호사는 이론, 지식이라는 틀에 갇혀 장폐색을 장염으로 오진하기도 한다.

실무에서는 정보가 애매해도 대응하지 않으면 안 된다. 그렇기 때문에 의뢰인에게 받은 정보가 맞는 정보인지 밝혀내기 위해, 생각을 멈추지 않는 자세가 필요하다.

시간에 쫓겨 애매한 사실을 고정관념에 의지해 대처하는 것과, 정보가 부족함을 의식하고 대처하는 것은 결과가 완전히 달라질 수밖에 없다. 전자는 사실이 아닌 것을 사실로 믿어버린 예다. 그러나 후자는 사실이 아님을 인식하고 있으나, 사실이 아님을 밝힐 자료가 부족할 뿐이다. 시간만 허락된다면 후자는 해결이 가능하다. 그러나 전자는 시간이 주어져도 해결은 불가능하다.

2

애매함을 없애면
몰랐던 사실이 드러난다

◆
:
◆

나 혼자만 그렇게 생각하는 건 아닐까?

의식하는 것만으론
도움이 안 된다

'사고력'이라고 하는 것은 어떤 뜻인가?

『일본 대백과사전』(쇼가쿠칸 발행)은 사고思考를 다음과 같이 정의하고 있다. "사고라고 하는 것은 여러 개념을 통합 판단해, 추리하는 것을 말한다. 사고하는 능력은 지성, 이성으로 감정과는 구분된다."

『코지엥広辞苑』(이와나미쇼텐 발행 제5판)에서는 고찰, 사고, 사색, 사려를 다음과 같이 정의한다.*

고찰···이것저것 생각을 짜낸다.

사고···감성과는 구별해 개념, 판단, 추리하는 것을 말한다.

사색···이치에 맞게 깊이 생각하는 것.

사려···주의 깊게 여러모로 곰곰이 생각하는 것.

결국 '생각한다'고 하는 것은 '지성과 이성으로 사물을 주의 깊게 판단하는 것'이다.

그러면 '의식意識'이란 무엇인가?

---

* 네이버 국어사전에서는 사고, 생각, 사유를 다음과 같이 정의한다.
  사고 ··· 생각하고 궁리함
  생각 ··· 사람이 머리를 써서 사물을 헤아리고 판단하는 작용
  사유 ··· 개념, 판단, 추리 따위를 행하는 인간의 이성 작용

의식이란 어떤 대상에 신경을 쓰는 것, 감지하는 것, 지금 하고 있는 일을 본인이 알고 있는 상태에 불과하다. 많은 사람들은 본인이 평소에 생각하며 행동하고 있다고 말한다. 하지만 의식하고 행동한다고 해서 생각하고 있다고는 말할 수 없다.

'사고하는 것'과 '의식하는 것'은 얼핏 비슷하지만 별개의 것이다.

하루 일과를 살펴봐도 우리는 의식적으로 행동하고는 있지만, 의식적으로 사고하는 일은 거의 없다. 우리가 '생각'이라고 칭하는 대부분은 막연한 아이디어나 잡념에 지나지 않는다. 누구나 아이디어는 떠오른다. 그러나 구체적 발상은 누구나 할 수 있는 것이 아니다. 아마도 '생각한다'고 하는 것은 타고난 인간 본성이 아니라, 그와는 반대되는 행위일 것이다. 생각하기 위해서는 정신적 도약이 필요하다.

비즈니스 계약서에도
애매함이 담겨 있다

지성, 이성을 활용해서 구체적으로 사고하는 능력이 일본인에게는 부족하다. 우연찮게 책장에 일본 기업 간에 주고받은 매매계약서가 눈에 띄어 훑어보았다. 계약 첫머리에 "갑 또는 을은 상호 이익 존중 이념에 근거하여 성실히 계약을 이행하고, 공정한 거래를 행하는 것으로 한다."라고 되어 있었다. 그리고 다음과 같은 계약 조항이 보인다(이하 본문의 밑

1장 애매한 정보로는 아무것도 할 수 없다

줄은 모두 필자가 주목하는 부분).

제1조 (거래의 기본 원칙)

갑과 을은 거래에 있어서 상호 이익 존중 이념에 의거해 신의를 지키고 성실히 계약을 이행하며, 협의에 있어서는 상호 양보 정신에 의거해 원만한 해결을 위해 서로 노력하기로 한다.

제5조 (계약의 변경)

계약 변경은 <u>상호 협의 아래</u> 이행도 가능하다.

제6조 (보상)

앞 계약 조건 변경 시, 손해배상 등은 <u>별도로 협의</u>한다.

제20조 (협의 해결)

본 계약 이행에 있어서 의심스러운 부분이 발생할 경우, 당사자는 <u>성의를 가지고 협의해</u> 원만한 해결을 도모한다.

제22조 (계약 개정)

갑을 쌍방에 있어서 본 계약 조항에 이의를 제기할 경우, 거래 계약 기간 중이라 하더라도 갑을 쌍방 협의 하에 본 계약을 수정할 수 있다.

일본식 계약서는 일반적으로 너무도 간단하다. 말하자면 거래의 형식만 갖춰 조항을 써넣는다. 계약 첫머리에도, 각 조항에도, 또 마지막에도 '쌍방 협의에 의해 정한다', '성의를 가지고 상호 협의한다', '양보의 정신으로 해결한다' 등으로 계약서를 쓴다. 그리고 이것에 대해 일본인은 전혀 이상하다고 생각하지 않는다.

이처럼 애매한 표현의 일본식 계약은 상대를 완전히 신용할 수 있는 경우가 아니라면 전혀 계약의 의미가 없다.

자신만 이해하는 것인가, 보편적으로 통용되는 것인가

꽤 오래 전 일이다. 재계의 여러 인사들을 모시고 '일본과 미국의 오해 구조'에 대해 강연한 적이 있다. 나는 "일본인들이 말하는 '성의誠意'는 만국 공통의 보편적 개념은 아니다. 일본인은 '성의'라는 말의 한계를 자각할 필요가 있다."고 지적했다.

강연이 끝나고 찬반양론의 의견이 모였다. 그중에 "성의는 인류의 기본이며, 같은 인간끼리 성의가 통하지 않을 리 없다."고 하는 반론이 있었다. 또 연세가 지극하신 어떤 분은 "나는 인간에게 있어서 성의야말로 무엇보다도 중요하다고 생각한다. 최근에 태어난 손자에게도 '성의'의 '성誠' 자를 이름으로 지어주었다. 만약 성의가 다른 나라에 통하지 않는다고 한다면 그야말로 유감이 아닐 수 없다."고 반론했다.

그러나 사실 '성의'라는 것은 일본 고유의 애매한 개념으로서, 유럽이나 미국 사람들에게는 통하지 않는 개념이다. '성심성의껏 한다', '성의를 보여준다'고 할 때 '성의'라는 것은 영어의 'sincerity'와는 의미가 다르다. 이것은 문화인류학자 루스 베네딕트가 고전적 명저 『국화와 칼』에서도 지적을 했고, 사회 심리학자 와가츠마 히로시도 지적한 바 있다.

일본인에게 있어서 '성의'란 매우 중요한 것이지만, 유럽과 미국 사람들에게는 도저히 이해가 안 되는 부분이다.

일찍이 철학자 와츠지 테츠로가 명저 『풍토』에서 지적한 것처럼, 한 나라의 문화는 그 나라 풍토의 영향을 절대적으로 받기 마련이다. '성의'라는 것은 일본 풍토에 뿌리를 내린 애매한 관념이라는 사실을 자각하지 않으면 안 된다. 일본인만의 착각으로 국제적으로는 통하지 않는 관념을 혼자만 주장하고 있을 수는 없는 일이다.

3

드러나지 않은 정보를
철저히 파헤쳐라

구체적 사실을 손에 쥐는 법

계약이란
우호의 상징이 아니다

현재 국제 거래에서는 분쟁을 예방하기 위해 상세한 계약 조항을 써 넣는 영미식 계약이 국제적 표준이다.

영미식 계약에서는 당사자의 권리와 의무를 번거로울 정도로 상세하고 명확하게 규정한다. 계약은 우호의 상징이 아니라, 상대가 위반했을 때 소송을 걸어 배상금을 받기 위한 수단이기 때문이다.

계약에서는 자신의 권리를 명확하고 상세하게 조목조목 계약 조항에 기재해야 한다. 이에 반해 의무 조항은 애매모호하게 기재하는 것이 가장 이상적이다.

특허 라이선스 계약을 예로 들어보자.

일본식이라면 취득할 특허 번호, 라이선스 지역, 사용료, 라이선스 기간이 기재돼 있으면 충분하다. 영미식 계약에서는 이 조항들은 물론이고, 다음과 같은 조항들이 덧붙여 기재된다.

① 대상 제품의 제조 수량, 판매 수량의 보고 의무
② 갑의 영업소 현장 조사권
③ 사용료 보고에 허위가 있을 시 페널티
④ 사용료 송금 시 환율의 환산법
⑤ 당사자 간에 분쟁이 있을 시 관할법원

⑥ 영문 계약서와 번역문에 차이가 있을 시 영문을 기준으로 한다.

예를 들어 ②번 조항은 이중장부 적발에 유효하다. 허위 보고가 발각된 경우 계약 해제는 물론, 위약금을 사용료의 몇 퍼센트로 할 것인지도 규정할 수 있다.

이처럼 자기 권리를 확실히 하기 위해 계약 조항을 구체적으로 기재한다. 이렇게 하지 않으면 자기 권리를 스스로 지킬 수 없다고 생각하기 때문이다. 하지만 일본 기업은 현장 조사권 같은 것에 익숙하지가 않다. 이런 계약 조항의 기재에 일본 기업 측은 거절 표시를 하는 경우가 많다.

일본 기업 간의 라이선스 계약에서도 동일하다. 갑이 현장 조사권 등을 초안에 넣으면, 상대는 감정적 거부 반응을 나타낸다. 갑 스스로 그런 조항까지 기재할 필요는 없지 않겠냐며 말을 꺼내기도 한다. 을이 사용료에 관해 허위 보고서를 제출했을 경우 어떻게 밝힐 것인가 하는 생각 자체가 아예 없다.

재판에서 증거 제시가 되지 않는 계약서는 한낱 종잇조각에 불과하다. 일본식 계약서로는 그저 상대를 믿는 수밖에 없다. 그런데 상대를 믿는다면 구태여 계약서를 쓸 필요도 없지 않은가.

영미권 변호사의 입장에서 성의, 협의 등의 계약 조항으로 된 계약서는 재판 시 아무런 도움도 안 되는 비논리적 종잇조각에 불과하다.

M&A의
정보 전쟁

M&A(기업의 인수·합병)의 경우 매수할 기업을 사전에 조사한다. '듀 딜리전스due diligence'라고 말하는데, 기업 인수에 따르는 위험이나 문제점들을 인수계약서에 서명하기 전에 파악하는 절차라고 생각하면 된다(통상 기업실사라고 말하고, 다른 말로는 선관주의 의무라고도 한다).

상대의 신뢰성을 조사한다고 할 때 일본 기업은 '신뢰하지만 형식상 조사한다'이고, 영미 기업의 본심은 '신용할 수 있는 기업인지 아닌지 알아보기 위해 조사한다', '신용할 수 없기 때문에 조사한다'에 가깝다.

일본 기업은 기업 인수 전에 상대 기업을 상세하게 조사하는 습관이 없다. '두 회사 사장의 친분이 두터우니까', '업계 2위니까', '합병하게 되면 본인이 사장 자리에 앉게 될 테니까' 등의 사적인 감정을 우선시한다. 그렇기 때문에 막상 매수하고 보면 예상했던 것 이상으로 재무 상태가 나쁘거나, 심각한 소송 문제를 끌어안고 있다거나 해서 예기치도 않은 사태에 직면하는 것이다.

사전에 구체적으로 상대 기업의 가치를 파악하지 않으면, 좋은 회사를 인수하기는 어렵다. 인수하고 보니 문제투성이라고 해서 없던 일로 할 수 있는 간단한 문제가 아니다. 인수할 기업의 상태를 가능한 한 정확히 파악하고 평가한 후에 인수할지 말지, 인수 가격은 어떻게 할지, 인수 조건을 결정해야 한다.

조사할 항목은 일반적인 형태의 자산이나 재무 상태뿐 아니라 그 밖에도 여러 가지가 있다.

① 불량재고는 없는지
② 장부 외 부채는 없는지
③ 국내·국외 소송 문제는 없는지, 미국에서 재판의 피고는 아닌지
④ 제조물 책임으로 클레임은 없는지
⑤ 공장 배수로 지역 사람들과 트러블은 없는지
⑥ 노조와 관계는 어떤지
⑦ 퇴직금충당금은 준비되어 있는지

예를 들어 ③처럼 재판에서 손해배상을 해야 하는 입장이라면, 경우에 따라서는 수백억 원, 수천억 원의 리스크가 따를 수도 있다. 또 ⑤처럼 공장 배수로 토양이 오염되었다면 그에 따른 처리비용 또한 막대하다.

이처럼 사전조사는 상대 기업의 마이너스 정보를 알아내기 위해서 하는 것이다. 인수될 기업은 음으로 양으로 소극적 저항을 한다. 기업 인수 이야기가 누설될 경우 입수한 정보를 반환할 의무가 있다고 하지만, 이미 누설된 정보는 사실상 회수가 불가능하다.

인수될 기업은 마이너스 정보를 숨기려 하기 때문에 정확한 정보는 손에 넣기 힘들다. 그렇기 때문에 차선의 방법으로, 인수되는 측 정보가 허위일 경우 고액의 위약금 지급 조항을 기재하는 것이다.

1장 애매한 정보로는 아무것도 할 수 없다

4

새로운 정보가
새로운 판을 만든다

◆
◆
◆

모든 경우에 통하는 만능키는 없다

하나의 자물쇠에
하나의 열쇠만 존재한다

　모든 거래와 분쟁은 상대에 따라 달라진다. 상대에 따라 계약 협상도, 노동 쟁의도, 재판도 결과는 완전히 달라질 수 있다. 상대와의 관계는 예상외 문제의 연속이고, 교과서에는 없는 난관투성이다.

　교과서에 쓰여 있는 추상적, 논리적 세계는 실전에서는 존재하지 않는다. 사람을 상대할 때는 그때그때 즉흥적으로, 독창적이고 현실적이고 개별적으로 다가가지 않으면 안 된다. 즉 협상, 분쟁, 사건의 처리는 일회성이라는 특색이 있다. 병 치료와는 달리 분쟁 처리의 매뉴얼 따위는 없다.

　그래서 상대에 대해 사전조사를 한다는 것은 아주 중요하다. 상대에 관한 정보를 얻는 이유는 협상 상대의 성격, 사고방식을 알면 어떻게 협상을 할지 준비할 수 있기 때문이다. 회사 등기부, 명부, 유가증권 보고서, 인명록, 홈페이지, 검색 데이터 등 쉽게 손에 넣을 수 있는 정보는 많다. 게다가 필요한 정보는 공표된 것, 출판 간행된 것을 찾아보면 대부분 손에 넣을 수 있다. 인명록을 조사해 보면 출신지, 나이, 가족관계, 취미, 경력 등을 알 수 있다. 회사 명부에 들어 있지 않은 작은 회사라도, 회사 등기부를 떼어 보면 많은 정보를 얻을 수 있다.

　그러므로 상대의 인상이라든지 말만 믿지 말고 시간을 들여서라도 정보를 수집해야 한다. 하지만 실제로는 비즈니스 얘기가 선행해서 계약 상대의 신변조사는 소홀히 하기가 쉽다.

일 못하는 변호사를 보면, 상대의 신용 여부를 확인하지 않는 경우가 많다. 의뢰인으로부터 부탁을 받았다며 작성해 온 계약서 내용을 보면서 내가 묻는다. 상대 기업의 자본금은? 종업원 수는? 경영 상태는? 프로젝트의 예상 거래 규모는? 이런저런 질문을 하면 거의 대답하지 못하고 머뭇거린다. 구체적인 상황을 전혀 고려하지 않고 계약서를 작성한 것이다.

"상대의 신용 상태나 연간 거래 규모도 모르는 상태에서 계약을 할 수 있겠냐?"고 주의를 주면, "의뢰회사의 담당자에게 물어보겠습니다."라고 말한다. 그러나 담당자에게 물어봐도 모르는 경우가 태반이다.

모든 계약에는 하나하나 특성이 있다. 계약은 일회성이기 때문에 만능 열쇠는 없다. 하나의 자물쇠에는 하나의 키만 존재한다. 의뢰자의 입장(매수 측이냐 매도 측이냐, 빌리는 쪽이냐 빌려주는 쪽이냐)을 고려해 의뢰자에게 유리한 쪽으로 계약을 하는 것이 변호사의 역할이다. 계약을 서류의 싸움이라고 하는 것도 이런 의미에서다.

검색하는 자는
사색하는 자를 따라잡지 못한다

상대의 신용도에 따라 계약 내용이 완전히 달라지는 경우도 있다.

예를 들어 의뢰자가 매도자일 경우 매수자의 신용도가 낮으면, 대금 회수를 확보하기 위해 다음과 같은 조항을 넣어 주문생산order made 계약서를 만들 필요가 있다.

① 대금은 후불이 아닌 선불, 또는 약속어음을 받는다.
② 대금 미지불 건에 대해서는, 물건을 넘겨줘도 소유권은 매도자에게 있다는 조항을 넣는다.
③ 대금을 지불하지 않은 경우, 엄격한 해약 조항을 넣어 단 한 번의 미지급에도 가차 없이 계약을 해지하고 물건을 철수할 수 있도록 한다.
④ 계약을 엄수할 수 있도록 매수 측 대표자 개인에게 연대책임을 지게 해 공증을 받아 계약서를 체결한다.
⑤ 분쟁이 일어날 경우 관할법원을 매도자의 소재지에 있는 법원으로 한다.

우리들 개개인이 하나 같이 다른 개성을 가지고 있는 것처럼 하나하나의 거래도 다른 특색을 가지고 있다. 이렇게 다른 개별적 상황을 어디까지 고려해 계약 조항에 써넣을 수 있을까? 베테랑과 아마추어는 여기에서 결정적으로 차이가 난다.

계약 상대의 신용도는 천차만별이다. 오랜 기간 거래가 있었고, 경영 상태가 좋은 기업이라면 일단은 안심할 수 있다. 그러나 미디어에서나 대중적으로 유명해도 자산 상태가 안 좋은 기업이라면, 나중에 분쟁이 일어나지 않도록 확실하게 조항에 써넣어야 한다. 경우에 따라서는 계약을 중지하는 결단력도 필요하다. 그런데도 인터넷에서 샘플 계약서를 검색해 적당히 짜깁기하는 정도로 안일하게 일을 하는 사람들은 끊이지 않는다. 자기 머리로 스스로 생각하지 못하는 것이다. 검색은 잘하지만 생각은 못하는, 기계와 같은 젊은이들이 급증하고 있다.

회사 등기부는
경영 정보의 보고

협상에 들어가기 전에 사전조사를 하면, 위험 상황에 처해도 금세 빠져나올 수 있다. 그러나 대부분 회사 안내 팸플릿이나 기획서, 명함만 보고 아무 의심도 없이 상대를 믿어 버린다. 기획서 등은 아무리 훌륭해도 한낱 종잇조각에 지나지 않는다. 또 어떤 직함의 명함이든 마음만 먹으면 얼마든지 만들어낼 수 있다.

눈속임이 얼마든지 가능한 이런 것들에 속지 말고 반드시 회사 등기부를 확인해 보자. 등기부를 조사함으로써 수억 원, 수십억 원의 프로젝트에 영향을 줄 수 있는 정보를 입수할 수도 있다.

등기부에는 경영에 관련된 많은 정보가 숨어 있다. 거기서 숨어 있는 중요한 정보를 찾아낼 수 있는 사람이 바로 능력자다.

① 회사 대표이사의 주소

등기부에는 회사 대표이사의 주소가 기재되어 있다. 그 주소로 토지, 건물의 등기부를 떼어 보면 대표이사가 전세로 살고 있는지 월세로 살고 있는지, 아니면 자택에 살고 있는지 알 수 있다.

자택이라면 저당이 잡혀 있지는 않은지, 혹시 차압 상태라면 세간에 알려진 좋은 평가나 이미지와는 달리 경영 상태가 안 좋을 것이라고 판단할 수 있다. 이런 회사와의 거래는 신중에 신중을 기하지 않으면 안 된다. 거래가 이루어져도 약속을 못 지킬 가능성이 아주 높다.

② 상호 등의 변경

상호나 대표이사가 자주 바뀌는 회사는 경영 상태에 문제가 있는 경우가 많다. 2, 3년 주기로 상호가 바뀌는 경우는 부정한 방법으로 경영을 하고 있지는 않은지 의심해 봐야 한다. 그리고 대표이사가 자주 바뀌는 경우는 가족간의 분쟁을 의심해 볼 수 있다.

③ 이사들의 성씨

이사 란에 같은 성姓의 이름이 나열돼 있으면, 가족들이 경영하는 회사임을 짐작할 수 있다. 가족끼리 경영하는 회사는 대부분 사장 혼자서 모든 것을 결정하는 케이스다. 그렇기 때문에 사장의 능력, 성격, 건강 상태가 중요한 포인트가 된다.

④ 임원의 등기

임원의 명함에는 '전무이사'라고 되어 있는데, 회사 등기부에는 임원으로 등기가 되어 있지 않았다고 하자. 사실상 그 사람은 이사가 아님에도 마치 이사인 양 전무이사 명함을 사용하고 있는 것이다. 이처럼 사칭을 용인하는 회사가 제대로 된 회사일 리가 없다.

⑤ 자본금

비싼 땅의 고층 빌딩에 호화로운 사무실을 가지고 있으면서, 자본금은 겨우 수천만 원 정도인 회사도 있다. 설립한 지는 겨우 1년밖에 안 된다. 이런 회사는 견실한 회사와는 거리가 멀다.

이처럼 작은 정보도 큰 도움을 줄 수 있음을 명심하라. 구체적인 정보를 수집하다 보면, 새로운 사실이 발견되어 큰 수확을 거둘 수 있다. 다소 시간과 돈이 들더라도 정보 수집을 소홀히 해서는 안 된다.

이 세상은 위험하고 복잡하며 다양하다. 이에 대응하기 위해서는 개별적이고 구체적인 사고능력이 필수적이다. 신중에 신중을 기해 사고思考해야 한다. 혹여 신용할 수 있는 상대라 하더라도 반드시 검증은 필요하다.

5

근거 없는 낙관주의는
제발 피하라

◆
◆
◆

구체적으로 생각하는 습관

행동이 앞서면
사고력은 떨어진다

우리는 저마다 생각하며 행동하고 있다고 착각하지만, 실은 발등에 떨어진 불을 끄기 위해 그저 발을 동동 구르며 하루하루를 정신없이 보내고 있다. 발등에 떨어진 불에 정신이 팔려 앞으로 다가올 큰일을 예견치 못하고, 눈 가리고 아웅 식으로 일을 처리해 버린다. 중요한 일을 가볍게 보고, 가볍게 봐도 될 일은 중요하게 생각하는 것이 인간의 습성이다.

한 가지 일에 정신이 팔리면 온 정신이 그쪽으로만 쏠린다. 캔버스의 작디작은 검은 점에 눈이 가면, 넓은 여백에는 좀처럼 눈이 가지 않는다. 검은 점은 캔버스의 아주 미세한 부분에 불과한데도, 넓은 여백은 안중에도 없다.

프랑스 철학자 알랭은, 발등에 떨어진 불에 허둥대는 경시 총감을 누구보다도 행복한 인간이라고 비꼬아서 이야기한다(이하 인용은 『행복론』, 알랭 지음, 카미타니 미키오 번역).

"왜냐하면 그는 언제나 행동하고 있기 때문이다. 그는 화재나 수해, 산사태, 건물 붕괴 등의 일 처리를 위해 근무 시간 중 단 한순간도 숨 돌릴 틈 없이 명령에 따라 행동한다. 시간에 쫓기어 후회할 틈조차 없다."

그러나 천천히 생각할 틈이 없는 것은 좀도둑도 마찬가지다.

"사람들은 가끔, 좀도둑이나 날치기들은 마음속으로 무슨 생각을 하고 있을까? 하고 생각할지 모르지만, 나는 그들의 마음속에 무슨 생각이 있을 거라는 생각은 전혀 안 든다. 먹잇감을 노리고 있거나, 자고 있거나, 늘 이 둘 중 하나다. 그들이 고작 예상할 수 있는 범위는 눈앞에 보이는 일이 전부이다. 먹잇감을 노리거나 자는 일 외에 잡혔을 때 어떤 법의 처벌이 내려질지, 거기까지는 생각하지 못한다. 그저 아무런 생각이 없기 때문에 잘못을 저지르는 것이다. 듣지 못하고 보지 못하는 기계와도 같은 부류들은 느낌이나 생각 자체가 없다."

알랭에 의하면, 행동은 사고력을 저하시킨다고 한다. 경시 총감은 누구보다도 행복한 인간이지만, 생각하는 인간은 못 된다. 본인은 생각하고 있다고 착각할지 모르지만, 단지 외부의 자극에 반응했을 뿐이다. 좀도둑 이야기는 예를 들기 위한 하나의 수단에 불과하며, 그는 앞일을 생각하며 행동하는 사람이 별로 없다는 것을 말하고 싶었던 것이다.

충동적인 판단으로
일을 망친 사람들

알랭이 말하는 경시 총감을 방불케 하는 사례가 있다. 일본 상장기업의 한 예다.

① 태국 땅의 토지 구입

"공장을 세울 토지가 필요하다"며 "태국으로 날아가 3주 안에 토지를

1장 애매한 정보로는 아무것도 할 수 없다

사들이라"는 전무의 지시가 떨어졌다.

하지만 지금까지 사전조사를 하라는 지시를 받은 사람은 아무도 없었다. 라이벌 기업이 태국 진출을 꾀하고 있으니 전무는 라이벌 기업보다 빨리 태국 진출을 하고 싶다는 말도 안 되는 욕망으로 앞뒤 생각도 없이 충동적인 지시를 내린 것이다.

그러나 국내에서도 2~3주 사이면 공장 부지를 매입할 수 있으니 태국도 가능하다는 발상 자체가 무모하기 짝이 없다. 국내는 물론이거니와 하물며 외국이라면 권리관계도 복잡하고, 정부 규제도 간단히 해결될 문제는 아니다. 전력, 통신, 수도, 도로 등의 인프라 조사, 국가나 지방자치제의 토지 이용에 따른 제도, 토양 오염조사, 토지 면적 측정과 확정, 담보권의 유무, 소유자 확인, 투자 형태(토지 보유의 회사 설립인지, 다른 목적인지), 관계세법 조사 등 방대한 작업을 필요로 한다.

조사만도 수개월이 걸렸지만, 마땅한 물건이 없었다. 이런 충동적 지시로는 일이 제대로 돌아갈 리가 없다. 흐지부지하다가 결국은 없었던 일로 끝나버렸다. 전무의 이런 충동적인 지시는 사내에 혼란만 불러일으켜, 쓸데없는 에너지 소비와 막대한 자금만 낭비한 꼴이 됐다.

② 필리핀 회사의 인수

"필리핀 거래처 기업의 주식을 30억 원 이내에서 이번 주 안으로 사들이라"는 사장의 명령이 갑작스럽게 떨어졌다. 몇 년간 거래한 기업의 창업주가 주식을 팔고 싶어 하니까, 무작정 사들이라는 지시였다.

하지만 5일 안에 기업 인수를 한다는 자체가 말도 안 되는 이야기다. 이사회 승인도 있어야 하고, 필리핀 정부에 수속도 필요하다. 더군다나 상대 기업의 재무 상태도 불투명하고, 회계 장부에 기재돼 있지 않은 채무나 보증도 있을 법하다. 종업원의 도덕성도 저하돼 있는 듯하고, 소송도 몇 건이나 끌어안고 있는 듯하다. 확인해야 할 사항이 한두 가지가 아니다. 재무조사를 한다고 해도, 상대 기업에서 이중장부를 꺼내줄 리 만무하다. 건전한 회사인지 조사도 하지 않았으니, 적당한 인수 가격을 책정할 수도 없거니와 현재 사장 간의 우호 관계도 3년 후 어떻게 변할지 장담할 수 없다. 당장의 친분 관계 때문에 차후 어떻게 될지 생각도 하지 않고 충동적인 생각으로 일을 진행했다가 회사를 말아먹을 수도 있다.

우여곡절 끝에 수 개월 후 50억 원에 인수하기로 결정했다. 하지만 사장의 명령에 따라 일을 진행했을 뿐, 장부는 엉망이었다. 상대 기업에 50억 원의 가치가 있을지 여부에 의혹은 가시지 않는다. 주식을 사들이는 일 자체는 어려운 일이 아니다. 그러나 차후에 문제가 생기지 않도록 반드시 철저한 준비를 해야 한다.

화려함에 박수 치는 세상에 현혹되지 말라

앞의 두 예는 윗사람이 상대 회사의 상태를 전혀 고려하지 않은 점에서 매우 흡사하다. 우선 관련된 사실들을 조사하고, 구체적인 대책을 세우는 것이 일의 순서다.

하지만 윗사람의 명령은 절대적이다.

태국 공장 부지 매입의 예를 보자. 외국과 관련된 일이 2~3주라는 단기간에 처리할 수 있는 문제가 아닌데도, 의욕만 앞서 일의 순서나 절차는 안중에도 없다. 이런 타입의 상사는 명령만 하면 일이 처리된다는 착각으로 구체적 대안도 없이 무작정 명령만 내린다. 결과적으로는 실패로 끝나거나, 일이 진행된다 해도 막대한 손실을 끌어안게 된다. 부하직원이 아무리 열심히 움직여도 결국은 헛수고일 뿐이다. 일의 순서를 생각한다고 하는 것은, 사고력의 큰 영역을 차지한다.

내 생각에 기업의 임원들은 일반적으로 행동하기를 좋아하는 것 같다. 그러나 행동하지 말아야 할 때도 있다는 것을 모르는 듯하다.

욕심 많은 인간은 화려한 공적을 세우고 싶어 하고, 세상도 화려함에 박수를 보낸다. 그러나 화려한 공적이라는 결과물에는 반드시 과정이 존재한다. 좋은 결과를 내기 위한 사전조사도 필요하다. 물론 검토를 하기 위해서는 시간도 필요하다. 그리고 구체적 대책도 필요하다. 행동은 물론 중요하지만, 준비된 행동만이 좋은 결과를 만들어낼 수 있다. 그러나 간혹 권위 의식에 사로잡혀 무리한 명령을 지시하는 윗사람들이 있다. 마치 게임하면서 버튼을 누르듯, 누르기만 하면 일이 처리될 것이라고 착각한다. 유감스럽게도 이런 타입의 임원이 늘고 있다는 생각이 든다.

구체적으로 사고하라

일의 순서를
생각하는 습관

일을 할 때는 생각하면서 행동하는 사람도, 일상생활에서는 생각 없이 감정에 이끌리는 경우가 의외로 많은 것 같다.

하지만 파스칼의 "인간은 생각하는 갈대다."라는 말처럼 생각하기 때문에 사람이다. 그런 의미에서 일할 때뿐만 아니라 일상에서도 '생각하는 습관'을 들여야만 한다.

인간은 일반적으로 이성보다 감정에 이끌려 행동하는 편이다. 그러나 감정은 구체적이지 못하다. 따라서 우선 행동에 앞서 순서를 생각해 보는 것이 좋다. 이것은 이성으로 판단하기 위한 첫 번째 관문이다. 구체적으로 생각하는 행위는 극히 현실적인 것이다. 충동적인 생각에는 환상이 있지만, 구체적인 생각에는 환상의 여지가 없다. 예를 들어 사주나 점에 의지하는 경영자는 구체적으로 사고하는 능력이 부족하다.

구체적으로 생각하기 위해서는, 매일매일 일상에서 일의 순서와 절차를 생각하는 습관을 가져야 한다.

일의 순서를 생각한다고 하는 것은 '구체적으로 생각하기'의 일환이기도 하다. 일의 순서를 생각하는 습관이 몸에 배면, 상황에 끌려다니지 않고 주도적으로 상황을 끌고 갈 수 있게 된다. 수비 자세가 아니라 공격 자세를 유지할 수 있다.

일의 순서를 생각하는 습관을 갖기 위해 우선 작은 일부터 실천해 보자. 예를 들면 아침에 눈을 뜨자마자 하루 일정을 생각해 보는 것이다.

나는 아침 5시 반에 눈을 뜨면 컴퓨터를 켜고 이메일을 처리한 다음, 하루 스케줄을 적어 본다. 역까지 걸어가는 20분간은 회의 주제를 생각한다. 지하철에 타고 있는 40분 동안, 오늘 아침 이메일로 받은 영문 계약서를 검토한다. 사무실에 도착해 회의를 끝내고 일을 처리한다. 그리고 오후 5시에 일을 끝내고, 수영을 하러 간다. 대충 이런 일정을 매일 아침 적어 보는데, 두 가지 포인트가 있다.

① 시간을 정한다

오후 5시까지는 반드시 일을 끝내겠다고 굳게 다짐한다.

② 즐거운 일을 일정에 반드시 넣는다

즐거운 일을 반드시 한 가지 일정 속에 넣는다. 일을 끝낸 후 피트니스 클럽에 간다든지, 외식을 한다든지, 음악회에 간다든지, 자기가 좋아하는 일을 하는 것이다.

시시각각 변화하는 상황을
주도하려면

일정을 계획함으로써 미래를 생각하는 습관을 몸에 익힐 수 있다.

단, 예정은 어디까지나 예정이므로 예기치도 않은 일이 생기면 바뀔 수도 있다. 막상 회사에 가면 새로운 건의 상담이 들어올 수도 있고, 뉴욕에서 갑자기 의뢰회사 측의 임원이 긴급회의를 하자고 할 수도 있다. 이런 경우 내 즐거운 계획에 되도록이면 차질이 생기지 않도록 일정에 없던 일들은 가능한 한 근무시간 안에 해결하려 노력한다. 런치 미팅을 잡는다든가, 새로운 건의 상담은 다른 일을 집중해서 빨리 마무리하고 어떻게든 일정에 집어넣는 식이다.

어쩔 수 없이 일이 연장되더라도 피트니스 클럽에 들러 단 몇십 분이라도 운동을 한다든가, 일이 너무 늦게 끝나 운동할 시간조차 없다면 지하철 한 구간을 걸어간다든가, 역 근처에서 생맥주 한 잔을 한다든가, 하루 열심히 일한 나 자신을 위해 작은 즐거움을 선물한다거나, 반드시 소중한 나 자신에게 안도의 휴식을 주도록 한다.

이처럼 아침에 계획을 세우지만 시시각각 변할 수 있는 상황에 대비해 일정을 바꾸는 것도 지혜다. 매일 아침에 세운 구체적인 일정에 따라 생각하며 행동하는 것이다.

문제해결을 위해서는 구체적인 대안을 끊임없이 리스트업해서 실행해 가야만 한다. 눈앞의 작은 문제들을 해결해 가다 보면 그게 쌓여서 큰 문제도 해결할 수 있게 되는 것이다. 이런 습관이 몸에 배면 본심과는 다른 표면적인 이야기, 추상적인 이야기, 알맹이가 없는 겉치레 이야기를 들을 때 그 수상쩍음을 직감적으로 감지할 수 있다.

일과 일상생활에 활력을 주는 생활을 하다 보면 스트레스도 줄고, 간단하게 기분전환도 가능해진다. 무엇보다도 일이 끝난 후 즐거움이 있으면, 일하는 시간이 짧게 느껴진다.

　비즈니스의 세계는 이해타산을 기본으로 한다. 하루종일 일만 하면 완전히 늘어진 고무처럼 삭아서 끊어져 버린다. 그에 비해 일상생활은 여러 가지 즐거움을 다채롭게 주도적으로 만들어가는 것이 가능하다.

제2장

지금까지 생각지도 못했던 것들

옵션 사고를 하라

1

멀티풀 옵션,
빠짐없이 모든 것을 생각하다

◆

옵션이 많을수록 실패는 줄어든다

존재는
무한하다

봄부터 여름에 걸쳐 고속전철 수퍼 뷰 오도리코(춤추는 '무희'라는 뜻)를 타고 이즈 반도를 따라 남쪽으로 내려가다 보면, 눈부신 녹색의 향연을 즐길 수 있다. 도토리나무, 졸참나무, 소귀나무, 자귀나무, 대나무, 느릅나무, 벚꽃, 무궁화, 마가목, 삼나무, 칠엽수, 굴나무, 금작화 등이 연녹색부터 짙은 녹색까지 녹색의 심포니를 이룬다. 이렇게 자연과 접해보면, 우리가 한마디로 녹색이라고 말하는 그 녹색의 농도가 천 가지 만 가지라서 자연의 위대함에 저절로 고개가 숙여진다. 모든 존재는 이처럼 하나지만 하나가 아니다.

우리는 색을 이야기할 때 흔히 24색을 떠올린다(색연필도 12색 아니면 24색이다). 대표적인 색상환으로 쓰고 있는 것이 독일의 화학자 오스트발트가 발표한 것으로 24색으로 되어 있다. 그러나 실제로 존재하는 색은 24색보다 훨씬 더 많다. 『일본의 전통색』(다이니혼잉키화학공업 주식회사, 제6판)에서는 핑크 계통, 붉은 계통, 오렌지 계통, 노란색 계통 등 합계 300색을 소개하고 있다.

더군다나 고대부터 전해 내려와 우리 생활에 깊이 살아 숨 쉬는 색은 1천100여 종으로 그 종류는 방대하다. 얼핏 녹색으로 보이는 색도 올리브 계통으로 불리는 색까지 포함하면 녹갈색, 갈색을 띤 황록색, 연녹색, 어린 솔잎색, 진녹색, 겨자색, 엷은 연두색 등 50종이 넘는다.

이처럼 우리는 자연과 접하면서 오감으로 자연을 느껴 왔다. 물론 일본인이 색에 붙인 이름으로 녹색 전부를 망라할 수 있는 것은 아니다. 끝없이 존재하는 것들 중 인간은 그중 몇 개를 추려 내어 이름을 붙였을 뿐이다.

말에는 한계가 있지만, 존재는 끝이 없다.

'이것밖에 없다'에서
'무수히 많다'로

마찬가지로 '죽음'도 연속적인 프로세스다.

죽음도 예전에는 일순간에 일어나는 사건이었다. 뇌, 심장, 폐, 모든 기능이 순간적으로 멈춘다고 생각했기 때문이다. 그러나 의학이 발달해 '뇌사'라고 하는 새로운 개념이 생겨나 죽음은 단계적인 프로세스가 되었다.

심장사나 뇌사라고 하면 한순간에 심장이 멎거나 뇌 기능이 멈춰 버리는 이미지가 떠오르지만, 실제로는 수많은 세포가 차차로 기능을 멈추어 그 결과 심장사라든지 뇌사로 판명되는 것이다.

그런데 심장이 멈추고 뇌가 죽어도 피부는 새 세포로 바뀌고 머리카락도 자란다. 모든 세포가 동시에 죽는 것이 아니기 때문이다.

우리는 어떤 시각을 정해 심장사라든가 뇌사라고 평가하지만, 거기에 이르기까지의 과정은 연속적인 프로세스다. 단지 우리가 감지할 수 없을 뿐이다. 오랜 기간 막연하게 이런 것들을 생각해 오다가 브라이언 마기의 『지식의 역사』(나카가와 스미오 일본어판 감수)에서 나는 흥미로운 것을 발견했다.

"내가 무엇보다도 중요하게 생각하고 무엇보다도 자신 있게 말할 수 있는 것은, 자연은 비약하지 않는다는 사실이다. 나는 이것을 연속률이라고 부른다."

만능의 천재라고 부르던 수학자이자 철학자인 고트프리트 빌헬름 라이프니츠의 말이다.

"자연은 비약하지 않는다"의 정확한 의미는 모르겠지만, '모든 존재는 단독으로 독립해서 존재하는 것이 아니고, 이어져 있다'라고 나는 이해했다.

라이프니츠로부터 나는 큰 힌트를 얻었다. 모든 존재가 이어져 있는 것이라면, 더더욱 사고의 세계에서는 흑과 백, 오른쪽과 왼쪽, 올바름과 그름의 중간에 무한한 변화가 존재할 것이다. 라이프니츠의 말에서 나는 이런 생각에 이르렀다.

이 확신이야말로 자유롭고 다양한 옵션을 생각해 낼 수 있는 원천이다.

정답보다는 선택의 자유를
주는 것이 능력

변호사의 중요한 자질 중에서 첫 번째는 '옵션 제안력'이다. 옵션의 유무에 따라 결과에 결정적 영향을 주기 때문이다.

섬유, 철강, 컬러TV, 자동차 등의 분야에서 일본과 미국의 경제마찰이 끊이지 않던 시절이 있었다. 미국은 자국에 유리하도록 다중적인 방법으로 일본을 공격했다.

한 가지 안건에 대해 모든 수단을 동원해 숨 쉴 틈도 주지 않고 압력을 가하며 상대를 궁지로 몰아넣는 방식이다. 예를 들면 다음과 같은 압력들이다.

① 함정을 만들어 궁지에 몰리게 한다.
② 매스컴을 통해 국내·국제 여론을 부추긴다.
③ 법을 이용한 소송 제기로 숨통을 조인다.
④ 언어나 태도로 협박을 가한다.
⑤ 사실상 관계없는 문제를 거래의 조건으로 끌어들인다.

일본과 미국의 경제마찰을 통해, 일본은 미국의 조직적 공격에 당하기만 했다. 나 역시 실무를 통해, 또 일본과 미국 기업 간의 분쟁처리 협상을 통해, 다중적 공격 방법의 기술을 터득했다.

나는 의뢰인으로부터 의뢰를 받으면, 적어도 3개의 옵션은 제시하려고 노력한다. 법에 저촉되지 않는 선이라면, 나는 "안 된다"는 말을 하지 않는다. 리스크가 높은 것부터 낮은 것까지, 여러 옵션을 의뢰인에게 제시한다. 이것이 우리 회사에 다국적 기업의 단골 의뢰인이 많은 이유 중 하나다. 국내 기업과는 달리 다국적 기업은 옵션을 선호하기 때문이다.

일본 변호사들은 전통적으로 선택의 여지가 없는 '단 하나의 방법'만을 제시하는 것이 일반적이다. 하지만 외국인 의뢰자는 이런 방식을 싫어한다. 여러 옵션 중에서 스스로 선택할 수 있는 방식을 선호한다. 특히 영미 쪽 기업은 복수의 선택지 제안을 요구해 온다.

변호사는 조언의 결과에 따른 경영의 책임까지 지는 것이 아니므로, 경영자로서는 변호사에게 조언을 구할 뿐 경영 판단까지 의존하지는 않는다. 변호사는 어디까지나 옵션을 제안하고, 경영자는 그 제안을 검토한 후 옵션 중 어느 것을 선택할지 결정하는 것이다. '비즈니스에 선택은 있어도 정답은 없다'는 사실을 경영자 자신이 누구보다도 잘 알고 있다. 심각한 문제에 직면했을 때 복수의 선택지가 있으면 심리적으로 편안해진다. 그러나 선택의 여지가 없으면, 막다른 골목에 몰린 생쥐와도 같다.

2

스스로 발상의 자유를
확보하라

◆
:

옵션이 많으면 심리전에서 이긴다

분식회계를 둘러싼
옵션 발상 연습하기

내가 고문 변호사로 있는 회사에서 선대 사장 시절 부정행위가 발각된 일이 있었다. 창업주인 사장은 매스컴을 이용한 교묘한 선전으로 매출을 올렸던 것이다.

사장이 바뀌고 나서 매출의 상당 부분에 문제가 있음이 발견됐는데, 매출이라고 하는 상당 부분에 '반품자유'의 조건이 붙어 있었다. 페이퍼 컴퍼니를 만들어 놓고, 그 회사가 빌린 창고에 매출을 가장한 반품 상품들을 보관하고 있었다. 악덕기업이었던 것이다. 감사법인조차도 기막혀 하며 사임을 표했다.

새로 취임한 사장이 사내에 조사위원회를 설치하자, 선대 사장의 반격이 시작됐다. 친분이 있는 매스 미디어에 반격하는 기사를 내보내고, 다수의 임원과 노조까지 매수하는 공작을 펼치기 시작했다.

이런 경우 현 사장의 입장에서는 여러 선택지가 있다. 몇 가지 예를 들어 보자.

① 분식회계 혐의로 증권 등 거래 감시 위원회에 고발한다.
② 회사 재산의 사적 사용으로, 배임·횡령죄로 경찰에 형사 고발한다.
③ 옛 경영진에 대해 대표 소송을 제기한다.
④ 선대 사장 등의 자택과 부동산을 가압류한다.

⑤ 노조의 정의파(이익보다 올바른 일을 좇는 사람들)와도 합심한다.

⑥ 사원들에게 사정을 설명하고, 결속을 다진다.

⑦ 매스 미디어에 나가 반론한다.

⑧ 분식회계를 눈감아준 감사법인과 공인회계사를 고발한다.

예로 든 선택지 안에서도 구체적 방법은 또 여러 가지가 존재한다.

예를 들어 ②의 형사 고발하는 상대를 선대 사장만으로 할 것인지, 부사장, 전무까지 포함할 것인지에 따라서도 선택이 달라진다. 형사 고발을 하게 되면, 선대 사장이 매수했던 다수의 임원들도 현재의 사장을 지지할 것이다. 선대 사장을 잘못 두둔했다가는 본인이 의심받기 때문이다.

전 부사장은 사건 직후 위장이혼을 하고 부동산을 부인에게 양도했지만, 그 부동산을 ④의 옵션으로 가압류하는 것도 가능하다. 자신은 무사히 빠져나왔다고 생각하는 전 부사장에게는 큰 압력이 아닐 수 없다. 선대 사장의 예스맨이었던 전 감사팀장을 ③의 대표 소송 대상에 포함시킬 수도 있다.

즉, 하나의 선택지도 처리 방법에 따라 더 많은 선택이 가능해진다. 어느 선택지를 언제, 누구에게 행사할 것인지에 따라 많은 변수가 작용한다.

선택의 여지가 있으면
조급하지 않다

하나의 사건에 대해 취할 수 있는 옵션은 무수히 많다.

사건이 크면 클수록 관계자도 많다. 이때는 당연히 취할 수 있는 옵션도 훨씬 다양해진다. 어떤 옵션을 선택할지는 옵션의 효과와 비용을 감안해서 의뢰자가 선택할 사항이다. 변호사의 역할은 되도록 많은 옵션을 제시해, 비교 검토할 판단 자료를 제공하는 일이다.

앞의 사례에서 심각한 집안싸움으로 불안해하던 현 사장도 여러 선택지를 가지고 선택할 수 있는 자유가 있다면 심리적으로 여유가 생길 것이다.

옵션이 많으면 많을수록 비즈니스 협상에서는 더 유리한 입장에 설 수 있다. 선택의 자유가 있을 때 최고의 자유도 생긴다. 옵션은 자유를 의미한다.

싸우지 않고 이기는 것이
최상의 해결책

한 대기업 식품업체가 아주 오랫동안 상품 배송과 보관을 위탁하고 있던 배송업체와의 계약을 해지하기로 결정했다. 위탁비용이 비교적 비싼

편이라 라이벌 기업과 경쟁이 어려워졌기 때문이다.

식품업체는 계약을 해지할 때 어떤 리스크가 있는지 고문 변호사의 의견을 물었다. "원래 계약은 2년이지만 자동 갱신되어 20년간 거래를 계속해 왔기 때문에, 배송업체는 앞으로도 계약이 지속되리라 판단하여 많은 투자를 했을 것이다. 그에 대한 보상으로 50억 원 정도의 손해배상은 해야 한다."는 것이 고문 변호사의 의견이었다.

그러나 고문 변호사의 의견에 납득이 가지 않았던 식품업체는 나에게도 의견을 물어왔다.

고문 변호사의 방법에는 문제가 있었다. 분쟁 해결을 무조건 재판으로만 해결하려 했다는 점이었다. 그러나 분쟁이 일어났다고 해서 무조건 재판으로 가지는 않는다. 상대가 재판을 원하지 않을 수도 있고, 소송비용을 지불할 능력이 안 될 수도 있다. 내 경험으로 비춰볼 때, 심각하리만큼 큰 사건의 의뢰가 들어와도 수십 건에 한 건 정도만 재판까지 간다.

재판까지 간다면, 물론 식품업체는 손해배상을 해야만 한다. 그렇다 하더라도 내 생각으로는 50억 원은 터무니없는 숫자이고, 수억 원 정도면 충분했다. 하지만 재판으로 가지 않고 협상에서 이긴다면 충분히 이익을 볼 수 있다.

그런 이유로 고문 변호사는, 계약 해지를 강행한다 해도 재판으로 가지 않고 이득을 취할 수 있는 방법이 있다는 사실을 충분히 설명했어야만 했다.

배송업체가 취할 수 있는 최강의 선택은, 위탁상품을 창고에서 꺼내가지 못하게 막는 일이다. 그러면 식품업체는 시장에 상품 공급을 할 수 없게 되므로 수개월간 심각한 타격을 받을 수 있다. 그러나 배송업체에 있어서도 이것은 양날의 검일 수 있다. 사용 여하에 따라서는 유용할 수도 있지만 큰 위험이 따를 수 있기 때문이다. 설령 재판에서 승소해 손해배상금을 받아내도, 대기업과 거래가 끊어진다는 것은 어쩌면 도산의 위험까지 감수해야 할 위험일지도 모른다. 장기적으로 볼 때, 배송업체는 대기업 식품업체와의 계약이 끊어지는 쪽을 두려워 할 것이다.

어느 선에서 타협을 해야 좋을지, 나는 식품업체와 여러 시나리오를 준비했다. 그 결과, 계약 갱신 만료 기간은 얼마 안 남았지만 1년 더 배송을 위탁할 것을 옵션으로 제안했다. 그 이후에는 다른 배송업체도 참여시켜 입찰제를 하는 것이 어떻겠느냐고 조언했다.

이쪽 제안에 대해 상대편 변호사로부터 "인정할 수 없다. 경우에 따라서는 가처분을 포함해 법으로 대응하겠다."는 답장이 왔다.

늘 그렇지만, 간단히 쉽게 풀리는 협상은 없다. 이쪽은 어디까지나 1년 후 계약 해지를 고집했고, 상대는 예상했던 대로 "창고에 있는 상품을 꺼내가지 못하도록 조치를 취하겠다."고 압력을 가해왔다. 2개월 반의 힘든 협상 끝에 "위탁을 1년간 연장하되, 계약은 2년으로 한다. 그러나 2년째는 연간 최저 위탁량을 정하지 않는다."로 결론이 났다.

2년째는 위탁비가 싸면 위탁을 하고, 비싸면 하지 않아도 되는 것이다. 배송업체도 대기업 식품업체와 계약이 끝나는 것보다 이어지는 쪽이 이익이므로, 우리 제안에 따를 수밖에 없었다.

옵션사고를 하라

이렇게 해서 대기업 식품업체는 손해배상금을 전혀 지불하지 않고 유리한 조건으로 분쟁을 해결할 수가 있었다. 그러면 고문 변호사의 '50억 원 손해배상'이라는 어드바이스는 도대체 어떻게 된 것일까? 그의 잘못된 판단은 타협을 위한 많은 옵션을 생각하지 않고, '손해배상금 지불'이라고 하는 교과서적인 정답 찾기밖에 하지 않았던 고정관념 때문이다.

3

예스 아니면 노,
양자택일에서 벗어나라

◆
◆

이분법의 함정은 도처에 있다

히틀러의
마력에 가까운 언어 구사

　문제를 해결할 방법은 단 하나만 존재하는 것이 아니다. 하지만 세상 사람들은 그 외의 다른 것들을 생각하기 싫어한다.

　가장 좋은 예로 '히틀러의 이분법'을 들 수 있다.

　이분법은 정치가가 대중을 선동하고 반대자를 배제하기 위해 역사에서도 반복해서 이용돼 왔다. 적 아니면 아군, 오른쪽 아니면 왼쪽, 흰색 아니면 검정색, 선 아니면 악, 개혁 아니면 저항, 이처럼 양자택일의 법칙은 계속돼 왔다.

　이분법은 대중에게 잘 먹히는 방법이다. 인간의 본성은 생각하기를 싫어하고, 단순함을 좋아하기 때문이다. 그렇기 때문에 모든 인간들이 빠져들 수밖에 없는 병리현상이라고 할 수 있다.

　히틀러는 마력에 가까운 언어를 구사해, 일개 졸병에서 독재자 자리에까지 오른 사람이다. 히틀러의 '사람의 마음을 사로잡는 기술'은 아주 명쾌하다. 복잡한 현실을 단순화시켜 이분법으로 대중 앞에 내놓는 것이다. 긍정 아니면 부정, 사랑 아니면 증오, 옳은 길 아니면 잘못된 길, 진실 아니면 거짓.

　대중은 매우 감정적이다. 이해력이 부족하고, 오래 기억하지 못한다. 너무도 단순해서, 섬세한 사고를 이해하지 못한다. 히틀러는 권력을 손에 쥐기 위해 이처럼 대중의 어리석음을 이용해 사람들을 선동했다.

"민중의 대부분은 냉철한 이성적 사고보다 오히려 감정적 느낌으로 생각이나 행동을 결정한다.

감정은 복잡하지 않고 너무도 단순해서 폐쇄적이다. 여기에 섬세함은 존재하지 않는다.

긍정 아니면 부정, 사랑 아니면 증오, 옳은 길 아니면 잘못된 길, 진실 아니면 거짓, 항상 양자택일. 반은 맞지만 반은 다르다든지, 또는 일부는 그럴 수도 있다, 라는 식의 복잡함은 있을 수 없다."

(『나의 투쟁』, 아돌프 히틀러 지음)

히틀러는 세상 모든 일을 단순 명쾌하게 둘로 나눌 수 없다는 사실을 당연히 알고 있었다. 그러나 대중의 마음을 선동하기 위해 이분법을 의도적으로 이용했던 것이다. 대중은 히틀러를 열광적으로 지지했지만, 히틀러는 대중을 이용했을 뿐이다.

사실 히틀러는 두 개의 선택지를 제시하지 않았다. 모든 인간은 정의와 불의 중 정의를 택할 것이다. 히틀러의 이분법은, 그가 의도하는 방향으로 유도하기 위한 포장술에 불과했다. 당연히 히틀러가 원하는 답을 선택할 수밖에 없는 양자택일의 상황을 만드는 것이다. 그 위험성을 알아차린 것은 소수의 지식인층뿐이었다.

옵션 사고를 하라

이분법의 함정은
일상 여기저기에

이분법은 단순하고 쉽다. 그래서 많은 사람들이 빠져드는 것이다. 하지만 아흔아홉 마리의 양들이 바로 앞에 있는 양의 뒷다리만 보고 걷다가 선두에 선 양이 낭떠러지로 떨어지면, 아흔아홉 마리의 양 전부가 함께 떨어져야 한다. 그렇게 되면 사회는 극단적인 한 방향으로만 흘러갈 위험성이 크다. 결국 사회는 혼란에 빠지고, 무엇보다 민주주의가 위험에 직면할 것이다.

시대가 바뀌었다고는 하지만 인간의 본성은 그리 쉽게 바뀌지 않는다. 인터넷 보급으로 인해 현대인은 이성으로 판단하기보다 감정에 치우치기 쉬운 환경에 놓여 있다. 이분법을 구사하는 자에 대해서는 경계를 게을리 해서는 안 된다. 작은 싹일지라도 도려내지 않으면 안 된다.

'히틀러의 이분법'을 구사하는 계층은 정치가뿐만이 아니다. 학자, 평론가도 이분법적 미사여구로 대중을 혼란에 빠뜨린다. IT혁명에 의해 개인주의가 뿌리를 내렸다고 낙관하는 지식층도 있지만, 근거 없는 낙관주의일 뿐이다.

현실은 난해하고 복잡하다. 문제의 해결책도 다양한 방법으로 풀어야만 한다.

예를 들면 개혁은 '하느냐 마느냐'의 문제가 아니고 '어떻게 개혁을 할 것인가'의 문제다. 기업간에도 '제휴를 할 것인가 말 것인가'에 문제의 초점이 있는 것이 아니고 '어떤 제휴를 할 것인가', '어떤 조건으로 합병을 할 것인가'가 중요하다. 구체적인 조건이나 절차를 제시하지 않고, 예스Yes 냐 노№냐 강요하는 방식은 그 자체로서 위험하지 않을 수 없다.

게다가 주의하지 않으면, 이분법 사고는 우리 일상에까지 침범해 온다.

해외로 출장을 갈 때 나는 '기국지황환'이라고 하는 한약을 꼭 가지고 간다. 혈액 순환, 숙면, 피로 회복에 그만한 약이 없다. 하지만 맨 처음 약사에게 추천 받았을 때 처방해 준 대로 여덟 알을 먹었더니 몸이 달아올라 숙면은커녕, 오히려 도저히 잠을 이룰 수가 없었다. 그 후로 오랫동안 그 약을 끊고 있었다.

그러던 어느 날, 해외출장 준비를 하던 중 '다시 먹어볼까? 그만둘까?' 하고 이분법의 함정에 빠져 있는 자신을 발견했다. 결국 두 알부터 시작해 세 알, 네 알, 이런 식으로 조금씩 늘려가다가 나에게 맞는 적정량은 평소에는 세 알, 몸이 피곤할 때는 네 알이라는 것을 알게 되었다.

적정량을 알고 나서는 몸이 진짜 피곤할 때는 언제나 기국지황환을 먹고 있다. 특히 해외출장을 갈 때는 피로 회복, 스트레스 해소, 컨디션 유지, 숙면에서 탁월한 효과를 발휘한다. 역시 일상의 상황에서도 방법 모색의 중요성을 또 한 번 깨달았다.

얼핏 이분법으로
보이지 않는 이분법

'연말 매출 올리기 캠페인'이라든지, '매출 2배 올리기 3년 계획' 같은 슬로건을 들어봤을 것이다. 얼핏 이분법으로는 보이지 않지만, 비즈니스 현장에서도 이분법이 만연하고 있다.

기업에 있어서 매출을 올리고 이익을 확보하는 일은 극히 당연한 일이다. 그러나 '절대 목표'가 주어지면, 현장에서는 무리를 해서라도 달성하는 수밖에 다른 방법이 없다.

국민연금의 부정면제가 아주 좋은 예다. 국민연금 관리공단의 최종 보고서(2006년 8월 3일)에 의하면, 22만 명의 위법·부정면제 외에 장기 미납자를 마음대로 부재자나 자격상실로 처리해 버린 건이 2005년도만 11만 건 가까이 된다.

이러한 위법 행위, 부정 처리가 만연하는 근본적 이유는 보험 납부율을 높이기 위해 반드시 달성해야만 하는 이른바 '절대 목표'가 주어지기 때문이다. 특정 상황이나 조건에 따라서는 '목표 80퍼센트 달성'이라든지 '90퍼센트 달성'으로 한다, 하는 식의 선택지는 없다. 다양한 옵션 없이 무조건 할 수밖에 없는, 선택 없는 선택을 강요받는다.

납부율 2포인트 개선을 수치 목표로 설정하고 '그것이 젊은 직원들이 조직을 살릴 수 있는 유일한 길이다', '변명하지 마라' 등의 비상사태 선언을 한다.

목적 달성의 구체적 방법 없이 이런 계획이 발표되면, 현장에서는 하지 않으면 안 되는 절대적 목표가 되어 버린다. 일본은 개인주의가 뿌리를 내리지 못하고 조직의 상하 관계도 너무도 엄격하기 때문에, 문서 위조와 같은 위법 행위를 해서라도 목표를 달성하려고 한다.

목표나 슬로건은 일종의 정신론이다. 인간의 정신력이 결정적인 요인이라고 굳게 믿어버리는 것이다. 구체적인 절차나 방법이 없이 막무가내로 내놓는 기획은 반드시 실패할 수밖에 없다.

4

도저히 아이디어가
떠오르지 않을 때의 처방전

◆
·
◆

옵션 발상에서 가장 중요한 것

불안, 고민, 분노를
가라앉히는 법

옵션을 생각할 때 가장 중요한 요소는 마음가짐이다.

인간은 어려움에 직면하면, 다른 사람의 탓으로 돌리거나 자신의 무능함을 자책하거나 운명을 탓한다. 그중에서도 다른 사람의 탓으로 돌리는 케이스가 가장 많다. 하지만 다른 사람의 탓으로 돌린다고 해서 문제가 해결되는 것은 아니다. 내 입맛에 맞게 내가 원하는 대로 세상을 바꿀 수도 없을뿐더러 세상 사람들이 내가 원하는 대로 움직여 주지도 않는다. 타인과 현실은 내 마음대로 조정할 수 없는 존재다.

그렇다고 해서 자신을 자책하는 것 또한 효율적인 방법은 못 된다. 실패 원인을 꼼꼼히 분석해 미래의 발판으로 삼는 것은 대단히 중요한 일이다. 하지만 대부분의 사람들은 이렇게 했으면 좋았을걸, 저렇게 했으면 좋았을걸 하고 후회만 할 뿐이다. 불평불만, 부정적인 생각은 운을 달아나게 하고 불운을 끌어들인다.

중요한 것은 다른 사람의 탓으로 돌리거나 자책한다 해도 문제는 결코 해결되지 않는다는 점이다. 앞에서 말한 이분법적 논리, 즉 마치 답이 하나만 존재하는 듯한 '절대적 발상'에서 벗어나 여러 옵션을 생각해 보자.

인간은 어려움에 직면하면, 자신도 모르게 감정적으로 반응한다. 한마디로 마음의 여유가 없다. 앞뒤 분간 없이 감정적으로 부딪혀 일을 더 그르치게 된다. 감정을 다스리는 마인드 컨트롤이 절대적으로 필요하다.

어떤 일이 터졌을 때 대부분의 사람들은 걱정만 하지, 그 일을 해결하기 위한 방법을 구체적으로 생각하지는 않는다. 불평불만, 신세한탄은 접어 두고 어떻게 해결할 수 있을까, 여기에만 집중하자.

그 어떤 억울한 일도, 기분 상하는 일도, 일단 현실로 받아들이자. 그리고 차분하게 어떤 해결방법이 있을지, 절대적 발상에서 벗어나 여러 옵션을 생각해 보는 습관을 붙이도록 평소에 의식해서 실천해 보자.

이렇게 되기까지 사실 나 또한 많은 고생을 했다. 방법 모색을 위한 고민이 아닌 막연한 걱정은 밤잠을 설쳐가며 해도 문제해결에는 아무런 도움도 되지 않는다는 사실을 40대 중반이 돼서야 겨우 깨우쳤다.

어떤 옵션이 있는지에 모든 의식을 집중하면 자연스럽게 불안, 고민, 화난 감정 등은 사그라든다. 옵션을 생각하는 행위는 끌려가는 입장이 아니라 스스로 움직이는 능동적 행위다.

'불평하지 마라. 끌려가지 말고 끌고 가라.'

이것이 여러 옵션으로 문제를 해결할 수 있었던 나의 노하우이자 마음가짐이다.

한방에 해결되는
결정타는 없다

옵션을 생각할 때 가장 중요한 것은 조직적, 체계적 발상이다. 연속률적 사고思考는 다양한 옵션을 생각하는 모태다.

① 극단적인 옵션부터 현실적인 옵션까지, 총망라해 많은 옵션을 생각해 본다.
② 상식도 가치관도 완전히 버리고, 극단적 옵션을 생각해 본다.
③ 무의식중에 떠오른 대응책 말고도 의식해서라도 상하, 좌우, 전후 여러 각도에서 생각해 본다.

문제를 성공리에 대처하기 위해서는 이 절차를 밟아 우선순위를 정할 필요가 있다.

처음 떠오른 생각에 집착하지 않는 것이 중요하다. 예를 들면 꽃가루 알레르기 하나만 보더라도 서양식 치료법, 한방, 민간요법 등 많은 선택지가 있다. 민간요법이라고 해서 처음부터 배척하지 않는다.

종교도 같은 맥락이다. 우연히 친구한테 권유를 받아 아무 의심 없이 믿는 것은 어리석은 선택이다. 가장 이상적인 방법은 무신론이나 불가지론(인간은 신을 인식할 수 없다는 종교적 인식론으로, 무신론과 유신론 모두 받아들이지 않는다)도 함께 검토하는 것이다. 예를 들어 불교를 선택하기로 결정을 했다면 조계종, 교종, 미륵종, 법화종 등 많은 종파를 비교 검토하는 것이 옵션 사고다.

그러나 보통은 이런 절차를 밟지 않는다. 이렇게 여러 옵션을 생각해 보면, 자신이 할 수 있는 일과 할 수 없는 일의 한계를 알 수 있다. 즉, 현실적 시나리오와 비현실적 시나리오를 구별하기 위해서라도 모든 옵션을 망라하는 것은 필요한 절차이다.

옵션을 생각할 때, 결정타를 노려서는 안 된다. 장기에서 기수(모험적인 수), 묘수(생각해 내기 힘든 아주 뛰어난 수), 귀수(결정적인 기발한 수)를 노리는 것은 좋은 방법이 아니다. 문제에 직면했을 때, 인간의 본성은 결정적인 한 가지 해결책을 원한다. 하지만 그런 것은 세상에 존재하지 않는다. 결정적 옵션은 한번 의심해 볼 여지가 있다. 예상외로 리스크의 가능성이 크기 때문이다.

한방에 보내는 결정타가 아닌 많은 작은 대책들을 모아야만 한다. 많은 옵션의 병행을 원칙으로 한다. 극적인 한방이 아닌, 수많은 작은 옵션들이 모여 큰 결과를 초래하는 것이다.

극단적인 발상 후에는
새로움이 따라온다

상식적인 옵션만으로는 아무런 도움도 안 될 때가 많으니, 극단적인 방법도 생각할 필요가 있다. 이것이 대담한 발상을 하기 위한 돌파구가 될 수도 있다. 극단적인 발상은 현실에서 한 발짝 물러나 현실을 냉정하게 관찰할 수 있는 방법이다.

우리가 극단적인 생각을 할 수 없는 것은 권위, 권력, 전통, 습관, 상식에 매여 있기 때문이다. 이런 것들이 무의식중에 사고를 속박해 버린다. 극단적 발상은 자신이 지금까지 쌓아온 것들을 과감히 버리고, 새로운 방식에 도전하는 것이다.

현상유지의 생각을 버릴 때, 극단적 발상이 가능하다. 극단적 방법을 실행하려고 하면 반드시 마찰이 일어나지만, 저항이 있어도 필요하다면 감수해야만 한다.

쉬운 예로 꽃가루 알레르기가 있다.

매년 봄이 되면, 나는 이 꽃가루 알레르기 때문에 우울해진다. 어느 날 오키나와에서는 꽃가루 알레르기가 전혀 없다는 이야기를 듣고, 코하마 지마라는 섬에서 봄에 일주일을 보낸 적이 있다. 일반적으로 봄에 휴가를 낸다는 생각은 아무도 하지 않을 것이다. 하지만 나는 봄휴가라는 옵션을 생각했다. 솔직히 몸만 사무실에 앉아 있지, 코는 막히고 콧물은 줄줄, 수면부족에 불쾌감까지, 제대로 일을 하기는커녕 멍하니 시간만 보내고 있었기 때문이다. 그래서 여름휴가 대신 봄 휴가를 내기로 결정했다.

이처럼 상식이나 습관, 전통 방식에서 벗어나 옵션을 하나 추가하는 것도 매우 중요하다. 이렇게 하다 보면 현실적으로 불가능하다고 생각되었던 일도, 사실은 극단적인 생각이 아니고 오히려 내 사고가 유연하지 않았던 것임을 깨닫게 된다.

대개의 경우 극단적 발상이 없는 옵션은 의미가 없다.

옵션 사고를 하라

5

실패가 실패로
끝나지 않으려면

◆
◆
◆

비즈니스와 일상생활에서의 옵션 사고

작은 문제부터
옵션으로 사고하기

　비즈니스 문제에 대처할 때 많은 옵션을 생각하는 사람도, 개인적인 일상의 문제에서는 합리적으로 대처하지 못하는 경향이 있다. 그런데 작은 문제를 합리적으로 처리하지 못하는 사람이 큰 문제를 제대로 처리할 수 있을까?

　꽃가루 알레르기에 어떻게 대처할지 다시 한 번 생각해 보자. 실제로 나의 체험담이다.

　① 작은 도구

　꽃가루 흡입량을 최소한으로 하고, 필요하다면 약을 복용하는 것이 최선이다. 최근에는 좋은 마스크가 개발되어 꽃가루의 90퍼센트 이상을 차단할 수 있다. 마스크 안쪽에 젖은 거즈를 대면 차단 효과는 더욱 크다. 이외에도 작은 도구로 꽃가루 방지용 안경, 모자, 신소재 코트, 정장 등이 있다.

　하지만 이런 도구들을 이용해 꽃가루 알레르기를 예방하는 사람은 거의 없다. 알레르기 반응이 일어나 재채기를 하고, 콧물이 나오고, 눈물을 질질 흘려야만 병원을 찾거나 약국을 찾는다. 나의 지인 S씨는 시중에서 파는 약을 먹고 현기증 때문에 오후에는 도저히 일을 할 수 없어 조퇴했다고 한다. N사장은 병원에 가서 주사를 맞았는데, 일주일 동안 복통과 설사로 고생을 했다고 한다. 친구인 변호사는 두통에 시달리면서 독한 약을 복용 중이다.

이처럼 자기 주변의 작은 일들은 합리적으로 생각하지 않는 경향이 있다. 나는 매스컴에서 꽃가루 예보가 있기 전부터 젖은 거즈가 들어 있는 마스크를 착용하고, 보호안경도 사용한다.

② 음식

꽃가루 알레르기에 좋은 음식에는 요구르트, 연근, 해초, 마늘, 알로에, 표고버섯, 브로콜리, 고추냉이, 양파, 당근, 생강, 계피, 고등어 등이 있다. 요구르트에는 꿀을 넣는다든가, 연근은 주스로 마시거나 갈아서 코에 바르는 등 다양한 방법이 있다. 이외에 천연간수를 요리에 이용한다든지, 삼나무즙이 좋다든지, 올리브유를 코에 바른다든지, 여러 설이 있다.

이러한 음식에는 제각기 섭취량이 정해져 있다. 알로에나 해초는 하루 50그램, 표고버섯은 하루 서너 개, 고등어는 주 2회 등 필요량을 섭취하지 않으면 꽃가루 알레르기 예방에는 효과가 없다고 한다.

본인한테 어느 것이 맞는지는 직접 체험해 보는 방법밖에는 없는데, 나의 경우는 요구르트가 제일 잘 맞았던 것 같다. 1개는 별로 효과가 없고, 2개는 먹어야 효과가 있는 것 같다.

③ 약

점비제(콧속 질환 치료제), 점안제(안약)도 효과는 있지만, 부작용은 없는

지 알아볼 필요가 있다. 한약으로는 소청용탕 등을 복용한 적이 있지만, 밤에 화장실을 자주 들락거리게 돼 나하고는 맞지 않았다. 침도 효과가 있다고 한다. 요통 때문에 침 치료를 받은 적은 있지만, 꽃가루 알레르기 때문에 병원을 찾은 적은 없다. 코 양끝, 머리 가장자리, 눈썹 사이가 침 놓는 좋은 자리라고 한다.

예전에 나는 심한 꽃가루 알레르기로 코가 막혀서 며칠 동안이나 밤에 잠을 이룰 수가 없었다. 그러나 여러 방법을 병용해서인지, 나이를 먹어서인지, 요즘은 증상이 가벼워졌다.

이처럼 작은 일상부터 여러 옵션을 이용해 생각하는 습관을 붙이면 큰 일도 처리할 수 있는 능력이 생긴다.

사무실을 확장할 때의
옵션 사고

나의 법률사무소는 25년 동안 8번 이사를 했다. 공간이 좁아졌기 때문이다. 이 경우에도 가능한 한 많은 옵션을 검토했다.

공간이 좁다는 이유만으로 무조건 이전한다면 생각이 좀 짧은 것이 아닐까 싶다. 공간이 좁으니까 당연히 넓은 곳으로 이사한다기보다는, 우선 지금의 공간을 활용할 수 있는 방법을 병행해서 생각해 보도록 한다.

지금의 공간에서도 생각해 볼 수 있는 옵션은 얼마든지 있다.

① 평소 보지 않는 책이나 서류를 창고에 보관할 수 없는지 생각한다.
② 회의실 하나를 비우고, 필요할 때마다 사무실 가까운 곳에서 회의할 수 있도록 유료로 공간을 빌려주는 곳을 찾아본다.
③ 같은 빌딩의 다른 사무실 일부를 빌릴 수는 없는지 찾아본다.

다른 기업과 마찬가지로, 법률사무소도 언제 문을 닫을지 장담할 수 없다. 경기가 좋을 때 대책 없이 일을 벌였던 경영자들이 그 후 경기가 나빠지면 대책 없이 고꾸라지는 일도 많이 있었다. 최근 빠른 속도로 변호사의 수가 늘어 변호사의 미래도 예전과는 달리 어둡기만 하다.

수입에 비해 법률사무소의 월세 또한 터무니없이 비싸다. 이런 상황을 고려해서라도 신중에 신중을 기해야 한다.

이사할 때마다 드는 경비라든지 번거로움이 있더라도 나는 3년에 한 번씩 이사하는 것을 택했다. 처음부터 넓은 사무실로 가면 이사 횟수를 줄여 편할 수는 있겠지만, 비싼 월세를 대느라 자금난으로 고생하기 쉽다. 여러 번 이사하는 쪽이 조금의 불편함은 있더라도 마음고생은 덜하다.

수입은 들쭉날쭉 변동이 있지만, 지출은 거의 고정적이다. 과거의 수익 그래프를 아무리 분석해 봤자, 미래 수익이 보장되지는 않는다. 임대료 등 고정 지출을 가능한 한 줄이는 수밖에 없다.

내 인생의
성공법칙을 발견하다

　예전에 내가 근무했던 법률사무소도 사무실 이전 확장으로 인해 경영 난에 시달린 적이 있었다. 국제변호사 중에는 무리한 이전 확장으로 경 영난에 빠져 힘들어 하는 예가 적지 않다.

　이런 경우는 여러 옵션을 검토해 보지 않고, 최근 1, 2년 일이 늘었다 는 이유로 짧은 생각에서 사업을 확장했기 때문에 일어나는 일이다. 일 상의 사사로운 일까지도 옵션을 생각하는 습관이 몸에 배어 있다면, 무 리한 확장의 예처럼 하지 않아도 될 고생은 구태여 하지 않아도 된다.

　일상생활의 구석구석까지 옵션 사고를 철저히 실천하면, 뭔가에 쫓기 는 듯한 불안한 인생을 보내지 않아도 된다. 꽃가루 알레르기, 숙면, 부모 님의 병 간호, 변비 예방, 스트레스 해소 등 생활의 구석구석까지 응용할 수 있다.

　일상의 사사로운 일까지 많은 옵션을 검토하고, 그중에서 최선의 방법 을 선택해 실천해 보도록 하자. 옵션 사고에 익숙해지면 일에서도 사생 활에서도 스트레스가 줄어 하루하루를 행복하게 보낼 수 있다. 옵션 사 고가 몸에 배면 실수가 줄어들고 효율적으로 일을 처리할 수 있기 때문 이다.

　50대 중반에 나는 수영을 하루 1킬로미터, 연간 300킬로미터를 목표 로 했었다. 하지만 일이 늦게 끝나는 날은 솔직히 하루쯤 쉬고 싶다는 생각이 들기도 했다. 그럴 때 '갈 것인가 말 것인가' 식의 이분법 방식이 아닌, 중간 옵션 방식이 좋다는 것을 깨달았다. 한번 쉬게 되면 그다음에도 또 핑계를 만들어 게으름을 피우다가 결국은 포기하게 된다. 그렇게 세월을 보내다 문득 생각이 나서 다시 시작해도 또 포기하기를 반복하기 마련이다.

그러나 중간 옵션은 '갈 것인가 말 것인가'가 아니고 '무조건 일단은 가자. 단 몇 미터라도 반드시 수영을 하자', 이런 사고방식이다. '지금부터라면 1킬로미터는 무리야'라는 사고방식이 아니고 '300미터라면 가능하다'라고 생각하는 사고방식이다. 이렇게 해서 지금까지 수영 습관을 유지해 오고 있다.

중간에 포기하지 않고 계속할 수 있는 힘은, 해보지도 않고 처음부터 '좋다 나쁘다'를 판단하지 않고 일단은 무조건 해보는 것이다. '아마 안 될 거야', '해보나마나 무리야' 이런 생각은 하지 않기로 했다. 부정적인 생각은 일단 내려놓고, '무조건 하고 보자'라는 사고방식이다.

우리가 여행을 가거나 레스토랑에 갈 때는 여러 옵션 중에서 선택을 한다. 여행을 준비하는 것처럼 다른 일을 할 때도 많은 옵션을 비교하면서 최선의 선택을 하는 것이 좋다.

해보지도 않고 최선의 선택이란 있을 수 없다. 도전하다 보면 실패를 할 수도 있다. 그러나 실패의 원인을 찾아낸다면 같은 실패를 반복하지는 않을 것이다. 일상에서 작은 실천과 작은 실패를 반복하며 성공에 이르는 것이다.

2장 지금까지 생각지도 못했던 것들

이처럼 실패로부터 배우는 습관이 몸에 배면, 실패는 더 이상 두려움의 대상이 아니다.

제3장

의문을 품으면
진짜 세상이 보인다

―――――

직시하라

1

나 스스로
생각한 것인가

◆
◆
◆

직시적 사고

우리는 너무나
상식적이다

경험주의 철학의 개척자이고 자유주의자인 존 로크(삼권 분립을 바탕으로 한 의회제, 민주주의 사상에 크게 공헌했다)는 '스스로 생각하는 것'의 중요성을 다음과 같이 말한다.

"학문, 정치, 종교를 막론하고 아무 생각 없이 위에서 시키는 대로만 움직여서는 안 된다. 또 생각 없이 전통이나 사회적 규범에 무조건 따라서도 안 된다. 자신의 머리로 생각하라. 사실을 직시하고, 사실에 근거하여 자신의 생각과 행동을 결정하라."(『깨달음의 역사』 참조)

중세 이전에는 권위가 판단의 기준이었다. 권위자가 오른쪽이라고 하면 오른쪽인 것이고, 왼쪽이라고 하면 왼쪽인 것이다. "왜 오른쪽입니까?" "왜 왼쪽입니까?" 하고 묻는 행위는 용서가 안 됐다.

스스로 생각하는 데 장애가 되는 것은 예부터 내려오는 권위와 전통이다. 권위와 전통으로부터 자유로워지기 위해서는 사물을 직시하는 태도를 가지는 것이 효과적인 방법이다.

친구와 초밥 집에 갔다고 가정해 보자. 초밥을 주문해 놓고 바라보며 '이것은 죽은 생선이다'라고 생각해 보기도 하고, 벽에 장식되어 있는 카사블랑카(백합의 일종으로 반점이 없고 순백색의 꽃잎이 특징)를 바라보며 '이 하안 백합은 식물의 생식기다'라고 생각해 보기도 하는 것이다.

장례식에 참석해서는 '장례식은 고인의 명복을 빌기보다 유가족의 슬픔을 위로하는 자리'라고 생각해 볼 수도 있다. '성대한 장례식은 아버지의 대를 이은 아들이 죽은 아버지의 영향력을 과시하는 일종의 세리모니에 불과하다'라는 식으로 말이다.

또는 은사가 훈장을 받았을 때 '아! 선생님도 이제 늙으셨구나. 노인의 장난감을 받고 기뻐하실 줄이야'라는 식으로 생각해 볼 수도 있다.

이런 사고방식은 어쩌면 비뚤어진 사고방식이라고 비난을 받을지도 모른다. 그러나 지금까지와 다른 시각으로 사물을 바라볼 때 일반적인 상식과 형식에 얽매였던 사고방식에서 자유로워질 수 있다. 다른 시각으로 바라보는 것은 사물을 다방면으로 보기 위해서 꼭 필요하다.

우리들의 사고방식은 너무도 상식적이어서, 때로는 대상의 진가를 놓쳐버릴 수도 있다는 사실을 인식하는 것이 좋다.

식탁에 놓인 생선을 바라보며 '죽은 생선'이라고 언급했던 사람은 로마의 오현제 중 마지막 황제인 마르크스 아우렐리우스 황제*다. 꽃을 식물의 생식기로 본 사람은, 가인이며 평론가인 우에다 미요지**다.

---

* 후기 스토아 철학자이며 『명상록』을 저술했다.

** 내과의사로 근무하다가 단카短歌 시인이 된 인물. 단카는 하이쿠俳句와 더불어 일본의 전통적 시가를 대표하는 정형시로 5구 31음절로 되어 있다.

의심하는 힘이
법률가의 능력이다

　법률가는 신입부터 중견, 베테랑에 이르기까지 권위나 상식에 건전한 회의심을 갖는다. 권위나 상식에 대해 의심을 해보느냐, 그렇지 않느냐에 따라 법률가의 성숙도를 알 수 있다. 의문을 가져야 할 때 의문을 갖지 않고, 의문을 가져서는 안 될 때 의문을 갖는 것이 일을 못하는 사람들의 공통점이다. 어떤 우수한 변호사일지라도 50세가 되기까지 균형 잡힌 회의심을 갖기는 어렵다.

　오차노미즈 대학 교수인 미미즈카 히로아키에 의하면, 요즘 학생들은 전문 문헌을 읽으면서도 결론만을 중요시한다고 한다. 논하는 자가 범했을지도 모르는, 사실과 다르게 인식한 부분, 논리의 비약, 근거 박약, 데이터의 오류 등을 고려하지 않는다고 한다. 미미즈카 교수는 전문 문헌을 성서 읽듯이 읽는 순수함은 권위에 굴복하는 행위라며 비판했다. (니혼게이자이 신문 2006년 5월 22일자)

　미미즈카 교수의 지적처럼 "지적인 순진함은 권력자나 권위자가 제시하는 비뚤어진 가치관을 저항 없이 수용해, 어이없게도 시대의 가해자가 돼버릴 수도 있다." 이에 비해 '청개구리'는 까다롭게 굴지만 창조성과 가능성을 품고 있다고 말할 수 있다. 다른 의견이야말로 중요한 것이다.

　일본인은 의심해 보는 행위를 나쁘게만 보는 경향이 있다. 권위야말로 믿을 게 못 되고 사실 여부를 확인해야 하는 것이라는 생각 자체가 희박하다.

유교, 봉건제도, 관료제의 전통은 '권위에 대한 신봉'을 강하게 심어주었다. 이런 일본적인 사회 체제가 사실을 직시하는 눈을 안대로 가려 봉사로 만들었다. 사실을 직시하기 위해서는 안대를 벗고, 절대적 믿음에서 탈피해 자신의 눈으로 확인하는 자세가 필요하다.

얽매이지 않고
스스로 생각하는 습관

신메이카이 국어사전(일본어사전)에 의하면, '직시'라고 하는 것은 "과대(과소) 평가 등의 선입견을 완전히 없애고 진실을 제대로 바라보는 것"이라고 한다.

사전에 따라 조금씩 정의는 다르지만, 이 책에서는 '직시'를 선입견 없이 사물을 보는 것으로 해두자.

'직시'란 개인의 주관을 섞지 않고 실제 사실에 근거해 객관적으로 생각하는 것이다. 사물을 직시하기 위해서는 상식을 음미해 본다는 마음가짐도 필요하다. 상식이라고 하는 것은, 때로는 도를 넘어선 생각이나 편견을 바로잡는 잣대가 된다. 하지만 또 때로는 시대에 맞지 않는 한낱 고집에 불과할 때도 있다. 늘 상식을 의심해 보고, 스스로 생각하는 습관이 무엇보다도 중요하다.

사물을 직시하기 위해서는 사람들과 거리를 둘 필요도 있다. 사람들과 항시 밀착해 있으면 사물을 직시하는 눈이 흐려질 수도 있다. 특정 집단이나 조직에 속해 있다면 이 점을 특히 주의해야 한다.

2

간과하기 쉬운 일도
놓치지 않기

❖
·
·

에픽테토스와 아우렐리우스의 사고법

자신이 아무것도
할 수 없다고 생각될 때

'직시'는 스토아학파*의 철학자 에픽테토스처럼 인생의 비밀을 숨김없이 드러내는 것이다.

에픽테토스는 다리가 불편한 절름발이 노예였다. 그 시대의 노예는 인간 취급을 거의 받지 못하고, 가축과도 같은 생활을 했다. 그의 인생은 가혹했지만, 역경 속에서 그는 오히려 놀랄 만한 인생의 법칙을 발견했다.

그가 말한 가르침의 요점은 "자신의 힘으로 자유롭게 컨트롤할 수 있는 부분과 컨트롤할 수 없는 부분을 구분하라"는 것이다.

의지나 욕망은 자신의 지배하에 있지만 신체, 재산, 명성 등은 자신의 마음대로 할 수 없다. 자신의 의지로 자유롭게 할 수 없는 부분은 받아들이는 수밖에 도리가 없다. 그의 사색은 제자 아리아누스가 기록한 『어록』과 『엥케이리디온』(요약본의 성격을 지닌 편람便覽)에 정리되어 있다.

에픽테토스의 가르침은 대체로 다음과 같다.(『세계의 명저 13 에픽테토스』 참조)

"하녀가 컵을 깨뜨렸을 때 화를 내서는 안 된다. 컵은 언젠가는 반드시 깨지는 물건이기 때문이다. 그렇기 때문에 화를 내는 것 자체가 무의미하다. 같은 맥락에서 처자식이 죽었을 때도 마찬가지다. 처자식이 영원

---

* '스토아'란 원래는 고대 그리스의 여러 도시에서 볼 수 있는 공공건축을 일컫는 말이었는데, 스토아학파의 창시자가 이곳에서 강의한 데서 이름이 비롯되었다.

히 살기를 바라는 것은 어리석은 짓이다.

타인의 처자식이 죽었을 때 당신은 '그것은 인간의 운명'이라고 말할 것이다. 하지만 자신의 처자식이 죽는다면, 대성통곡을 하며 자신의 불운을 원망할 것이다. 그러나 이성적으로 생각하면, 죽은 처자식이 다시 살아나기를 바라는 것은 한겨울에 무화과를 손에 넣고 싶어 하는 것과 마찬가지로 불가능한 일이다."

나아가 "생사의 갈림길에서도 자신을 마치 제삼자 바라보듯 하라."고 에픽테토스는 말한다.

항해 도중 폭풍우를 만났다고 가정해 보자. 배가 점점 가라앉고 있다. 어떻게 대처하면 좋을까? 배에 오르기 전에 승객인 내가 할 수 있는 일은 무엇인가? 선장, 선원, 출항일, 승선 시간을 선택할 수 있다. 하지만 항해 도중에 만난 폭풍우에 대해서는 내가 할 수 있는 일은 아무것도 없다. 내가 할 수 있는 일은 배에 오르기 전에 모두 끝냈다. 폭풍우에 어떻게 대처할지는 선장의 몫이다.

그러면 배가 물속에 잠겨 들어갈 때, 내가 할 수 있는 일은 무엇인가? 자신이 할 수 있는 일을 하면 된다. 두려워하지 말고, 허둥대지 말고, 신을 원망하지도 말고, 살아 있는 모든 존재는 반드시 죽음을 맞이한다는 만물의 법칙을 침착하게 받아들이며 죽어가는 것이다.

배가 가라앉을 때 많은 사람들은 허둥대며 당황하겠지만, 에픽테토스는 다르다. 평상시나 비상시나 그는 '자신이 무엇을 할 수 있는가? 있다면 그 수단은 무엇인가?'를 생각한다. 만약 방법이 있다면 실천한다. 하지만 할 수 있는 일이 아무것도 없다면, 허둥대며 죽어가는 것보다는 태연하게 죽음을 맞이하는 쪽을 택한다.

일본처럼 습기가 많은 풍토에서 자란 사람들이라면, 철저하리만큼 드라이한 이성적 철학이 안 맞을지도 모른다. 인간에게는 노화, 병, 죽음, 배신, 좌천, 배반, 그 외에도 많은 고통이 따라다닌다. 그 고통은 내 힘으로 어쩔 수 없는 일을 어떻게든 해보려고 몸부림치는 데서 오는 것이다. 에픽테토스는 스토아학파 철학을 가장 순수한 형태로 현실에 적용했다.

선입견으로부터
자유로워지는 방법

로마의 황제 마르크스 아우렐리우스는 스토아학파의 대표적 철학자이다. 그는 에픽테토스의 충실한 계승자였다. 19년간에 걸쳐 로마제국을 통치했고, 58세에 전쟁터에서 병을 얻어 생을 마쳤다. 독서와 명상을 즐겼던 내성적 철학자이자 황제였지만, 전쟁과 재해 대책에 바쁘게 쫓기다가 일생을 마쳤다.[*]

아우렐리우스 황제는 기회가 있을 때마다 전쟁터에서 남긴 『명상록』

---

[*] 선대 황제의 시대는 역사상 가장 평화롭고 풍족한 시기였지만 아우렐리우스 집권 시기에는 그렇지 못했다. 파르티아의 침입, 전염병의 창궐, 게르만족의 끊임없는 공격 등으로 그는 격무와 피로에 시달리며 언제 죽을지 모르는 삶을 살았다. 그러나 그는 인간의 삶과 죽음에 초탈했다. 마케도니아의 알렉산드로스나 그의 노새 마부나 죽은 뒤에는 같은 처지가 되었다며 덧없는 인생, 필연의 운명을 담담하게 받아들였다.

에 우주, 인생, 명성, 영예 등에 관해 반복해 이야기하고 있다. 인간 존재를 높은 곳에서 직시하며, 상대시相對視한다는 점에 사상의 핵심이 있다. 『명상록』은 단편으로 되어 있어서 정확한 의미를 이해하기는 어렵지만, 오히려 다양한 해석도 가능하다.

아우렐리우스 황제는 "사물의 본질에 다가가기 위해서는 발가벗겨 적나라하게 실체를 봐야 한다."고 말한다.(이하 인용은 『명상록』)

"떠오르는 대상에 대해 반드시 정의해 보거나 묘사를 해볼 것. 그렇게 함으로써 모든 부가적인 것들을 제거하고 그 대상만을 있는 그대로 바라볼 수 있으며, 본질을 볼 수 있게 된다.

고기 요리나 그 밖의 음식에 대해 이것은 생선의 시체, 이것은 새 또는 돼지의 시체, 빠레루노스(음료)는 포도즙, 또 섹스에 대해서는 내부의 마찰과 경련을 동반하는 점액의 분비, 이렇게 정의를 해봄으로써 사물 자체의 핵심을 꿰뚫어 본질을 분명히 한다. 확실히 믿음이 가는 존재일수록 적나라하게 발가벗겨 간과하기 쉬운 부분까지 의심을 품고, 실체에 다가가야 한다."

아우렐리우스 황제는 매혹적인 노래나 춤을 대할 때에도 전체 구성을 부분으로 분해해서 보라고 말한다.

"매혹적인 노래, 춤, 씨름 등도 일단 분해해서 바라보면, 당신이 처음 느꼈던 매력은 아마도 사라질 것이다. 예를 들어 아름다운 선율을 각 음마다 분석해 보면, 하나하나 각자는 대단한 것이 아니었음을 깨달을 것이다. (중략) 사물의 구성 부분을 해체해 분석하면서 바라보면, 그 하나하나는 그다지 대수롭지 않다는 것에 이르게 됨을 잊어서는 안 된다."

이처럼 자신의 생각을 배제하고 있는 그대로 사물을 바라보면, 지금까지와는 다른 측면을 발견할 수 있다.

아우렐리우스 황제는 상식과 세속적인 관념, 선입견을 버림으로써 사물의 본질에 다다를 수 있다고 생각했다. 선입견에 의해 우리의 사고는 방해를 받고 있다. 그 선입견을 제거하면 사물을 직시할 수 있게 된다고 생각했다. 그러기 위해서는 3가지 방법이 있다.

① 부과적인 부분, 장식물을 제거하고 발가벗긴 상태에서 바라본다.
② 자신의 생각을 배제하고, 사물을 있는 그대로의 모습만 바라본다.
③ 사물을 분해해서 바라본다.

3

의심하면
논리는 단련된다

◆
◆
◆

권위에 복종하는 건 악습관이다

조직이 클수록
비리도 따라붙는다

미국 시애틀에서 공부하던 시절, 한 런치 파티에서 어느 노부부에게 이런 말을 들은 적이 있다.

"정부도 기업도 큰 조직일수록 비리가 많은 법이다."

그 당시 나는 30대 초반이었고 샐러리맨 경험도 있어서 대기업을 무조건 신뢰하고 있었다. 소니, 토요타, 토시바 등 대기업일수록 투명하다고 생각했다. 그 당시의 나는 "절대 권력은 절대적으로 부패한다."라는 영국의 역사학자 존 액튼의 경구를 알 리 만무했다.

그렇지만 품위 있는 일본계의 60대 노부부는 기업 성선설을 깔끔하게 부정했던 것이다.

그 당시 나는 지지 않고 일본 기업의 우수성을 거품을 물어가며 설명했다. 종신고용제, 기업 내 노조, 연공서열제는 실제 일본 기업 성장의 주요한 요소였다. 그녀는 미국 기업의 구체적인 예를 들면서 "일본 기업만 비리가 없다는 주장은 독선"이라며 반론했다.

런치 파티라는 시간상의 제한도 있어 더 이상 이야기가 진전되지는 않았다. 그러나 귀국한 후 변호사 경험이 쌓이면서 그녀가 했던 말이 가끔씩 생각났다. 지금은 생각도 달라졌다.

일본 기업도 내실은 그다지 깨끗하지 않을지도 모르겠다. 조직의 비리는 필연인가? 매스컴이 보도하지 않아서 또는 내부고발이 보호되지 않아서 무마되고 있는 걸까?

인간은 윤리보다
이해타산에 의해 움직인다

2006년 기후현 부정 사건이 발각되었다. 과거 12년간 부정 지출의 총액은 170억 원에 이른다고 한다. 비슷한 사건은 끊임없이 일어났다. 1990년대 중반, 출장과 접대비의 부정 청구로 거액의 뒷돈을 만드는 사건이 전국 각지에서 발각되었다. 그렇게 부정으로 만들어낸 뒷돈은 관료 접대비나 직원들 회식비로 사용되었다. 홋카이도 770억 원, 후쿠오카현 610억 원, 아키타현 440억 원, 도쿄도 70억 원 등이다.

또 2004년에는 시즈오카현 경찰청이 출장 명목으로 1억 3천만 원, 홋카이도 경찰청은 수사 용도로 110억 원의 뒷돈을 만든 사실이 발각되었다. 이 외에도 육군 자위대, 후쿠오카현 경찰청 등이 부정 지출을 인정했다.

이런 부정 사건은 사기, 배임, 횡령 등에 해당하는 범죄다. 관료라 할지라도 개개인은 동료의식 또는 조직에 대한 그릇된 충성심에서 벗어나기 힘든 약한 존재다. 관료는 청렴결백하다는 신화에 속지 말아야 한다. 관료도 부정을 저지를 수 있다는 시선은 유지해야만 한다.

대기업의 위법행위도 끊이지 않는다. 담합, 위장청부, 결함 은폐, 개인

정보 유출 등이 모두 일류기업의 사례였다. 아래 사항은 최근 보도된 일부 사건이다.

① 담합

미츠비시 중공업, 히타치 조선, 스미토모 중기계 공업, 미쓰이 조선, JEE 엔지니어링, 이시카와지마 하리마 중공업, 카와사키 중공업 등. 교량(다리공사) 담합, 수문설비공사 담합 등으로 공정거래위원회에 적발되었다.

② 고객 정보 유출

KDDI(400만 건), 오리엔탈 랜드(12만 건), NTT도코모(2만 5천 건) 등 전부 내부 관계자가 반출했을 가능성이 높다고 한다.

③ 보험금 미지불

미쓰이 스미토모 해상화재, 손해보험 재팬, 메이지 야스다 생명보험 등. 보험금 미지불 때문에 금융감독원으로부터 업무정지 및 업무개선 명령이 있었다.

④ 위장청부

캐논, 토요타 부품 기업, 마츠시타 전기 하청회사 등.

⑤ 결함 은폐

신도라사(엘리베이터), 파로마(보일러), 토요타 등.

담합한 측은 "담합은 예전부터 있었던 관습이다." "밀고는 배신이다."

등 여러 이유를 들어가며 변명한다. 그러나 그 어떤 변명을 해도 이익을 도모하기 위한 탐욕스러운 행위임에는 변함이 없다.

담합처럼 위법이 분명한 행위는 과징금, 소송 등 제재를 가하지 않으면 사태는 개선되지 않는다.

위장청부를 눈감아준 이유에 대해 일본 노조연합의 타카기 츠요시 회장은 "경영자로부터 쓸데없는 발언은 하지 말라는 입막음이 있어, 어쩔 수 없었다."고 말했다.(아사히 신문 2006년 8월 9일자)

개개인의 임원, 관리직, 담당자가 신변의 안전, 지위, 명예를 지키기 위해 위법 행위를 눈감아주고 있는 것이다. 그 어떤 사람도 본인의 이해관계에서 자유로워지기는 쉽지 않다. 인간은 윤리, 도덕을 기준으로 움직이는 것이 아니라 이해타산이나 신변보호를 위해 움직이는 약한 존재다. 적어도 이 점을 직시하지 않으면 안 된다.

정치가 마키아벨리의 말처럼 "인간은 그 아무리 선량한 사람도 그 어떤 훌륭한 교육을 받았을지라도 간단히 타락할 수 있는 존재"이다.

100년이 지나도
없어지지 않는 것들

후쿠자와 유키치는 "문벌 제도는 부모의 원수"라고 말하며, 봉건제도를 혐오했다.*

후쿠자와가 자란 오이타현 나카츠에서도 위계질서가 확실했다. 선조 대대로 으뜸 가신은 으뜸 가신, 졸병은 졸병, 세월이 흘러도 변하지 않았다. 하급무사는 높은 신분의 무사에게 겸양어와 최고의 존칭어를 사용하고, 반대로 상급무사는 하급무사에게 하대를 했다. 귀천, 상하의 구별이 확실하고, 아이들에게까지 불평등은 이어졌다.

후쿠자와는 "개인의 독립이야말로 국가 독립의 기초다."라고 확신하고 있었다. 개인의 독립을 방해하는 요소는 농민, 상민은 무사 집안에 머리를 조아리는 막부 체제다. 막부는 백성이 똑똑하면 통치가 어려우므로, 사람들을 무지 속으로 밀어넣어 복종하게 만들었다. 그 악습을 후쿠자와는 "권력을 두려워하고 권력에 아첨하는 자는 그 행위가 자연스럽게 몸에 배어 낯짝의 두터움이 철과 같아 부끄러움을 부끄러움인지 모르고, 논해야 할 사항을 논하지 않고 그저 권력 앞에서 허리를 굽신거릴 뿐"(『학문의 권장』)이라며 신랄하게 비판한다.

후쿠자와가 생을 마감한 지 105년이 흘렀지만, 그가 시종일관 비판했던 악습은 지금 이 시대에도 아직 그림자가 남아 있다. 현 시대를 살아가는 일본인들은 자각하지 못하겠지만, 후쿠자와가 혐오했던 봉건제도의 잔재가 사회 여기저기에 침투돼 있다. 권력, 권위, 강자에게 향한 의존성

---

* 후쿠자와 유키치는 1만 엔 지폐 속의 인물로, 계몽 사상가이자 교육자이다. 말년에 탈아론脫亞論을 주장해 중국, 한국에서는 꺼림칙한 인물이 되었지만, 실학과 부국강병을 강조해 자본주의 발달의 사상적 근거를 마련한 인물로 일본에서는 '근대화의 아버지'로 존경받는다. 그의 아버지는 학적적 소양이 뛰어났지만 집안 배경이 변변치 못해 재능을 인정받지 못하고 나카츠 번의 회계 담당자 겸 창고지기로 젊은 나이에 세상을 떠났다.

이 아직도 짙게 남아 있다.

무조건 순종하는
자신을 자각하라

변호사가 법원에 제출하는 비정형적 서면에 '상신서上申書'라는 제목이 사용될 때가 있다. '상신'은 사전적 의미로는 '상사에게 의견을 아뢰는 일'을 말한다.

변호사와 판사는 상하 관계가 아니다. 판사는 심판관에 불과하다. 그런데도 우리들은 그 옛날부터의 관습으로 '상신서'라는 말을 저항 없이 사용하고 있다.

건설업계가 방위사업청이나 국토교통부 등에 대해 낙하산 인사로 인재 파견을 의뢰할 때, '할애원(割愛願, 사랑을 나누기를 원하다)'이라는 제목으로 제출한다고 한다. 민간기업이 관청으로부터 퇴직자의 낙하산 인사를 지시받을 때도, 민간기업이 '우수한 공무원을 나누어주십시오'라는 부탁을 해서 관이 이에 응하는 형식을 취한다고 한다. '할애원'이라고 하는 구식 표현이 아직도 버젓이 통하는 것도, 민은 관을 우러러 보고, 관은 민을 내려다보는 예부터의 악습에 영향받은 것이다.

우리 집 부엌에 '가스누출 통보 전용 전화'라는 작은 스티커가 붙어 있다. 밑에는 '지도指導 : 경제산업부, 일본가스협회'라고 한 줄이 추가돼 있다. 전화번호 표시 스티커에 구태여 '지도 : 경제산업부'는 불필요하다고 생각되는데, 표시 방법까지 규제를 받고 있는 것일까. 이런 데까지 '높으신 분'을 개입시키는 행위를 이상하다고 생각하지 않을 정도로, 아직도 봉건의식의 잔재는 우리 생활 깊숙한 곳까지 침투해 있다. 후쿠자와의 정신이야말로 지금의 우리들에게 절실하게 필요한 것이 아닐까?

조직은 위에서 명령하고 밑에서 복종하는 것을 기본으로 하지만 그건 일을 할 때다. 부하는 인격적으로 상사에게 종속돼 있는 관계가 아니다. 종속되어서도 안 된다. 그런데도 서비스 잔업, 초과근무가 당연시되고 과로사도 많은 것을 보면 마치 인격적으로도 회사에 종속돼 있는 듯하다.

불만이 있어도 일본인은 참는다. 직장 내 인간관계에 속박돼 있는 '고분고분 순종하는 회사원'을 일본 사회는 배출하고 있다.

권력에 영합하고 권위에 복종하며 강자에게는 순종한다. 그러한 관습이 음으로 양으로 영향을 미쳐 우리들의 자유로운 사고를 방해하고 있다.

그러나 우리는 깨닫지 못하고 있다. 자각하지 못한다는 것은 생각하는 힘의 결여를 의미한다.

4

파레토 법칙으로
사람을 본다

◆
:
◆

사람을 보는 관점

무엇을
어떻게 의심할 것인가

　1897년 이탈리아 경제학자 빌프레도 파레토는 '80대 20 법칙'이라는 경험칙을 발견했다. 노력과 보수, 투입과 산출 사이에는 불균형이 있고, 그 비율이 '80대 20'이라는 것이 '파레토 법칙'이다.

　예를 들어 어떤 일을 성공리에 끝냈다면, 그 일의 80퍼센트는 투입한 시간의 20퍼센트에 해당하는 시간이 그 일을 성공으로 이끌었다는 것이다. 바꾸어 말하면, 나머지 80퍼센트의 시간은 겨우 20퍼센트의 성과밖에 내지 못했다는 결론이다.

　좀 더 예를 들어보자.

　① 매출의 80퍼센트는 20퍼센트의 고객에게서 나온 것이다.
　② 범죄의 80퍼센트는 20퍼센트의 범죄자가 한 짓이다.
　③ 교통사고의 80퍼센트는 20퍼센트의 운전자가 내는 사고다.

　이것은 경험칙이고 엄밀한 검증을 한 것은 아니지만, 나는 사람을 볼 때도 이 파레토 법칙을 적용한다. 막연한 이미지로 사람을 대하지 않는다. 20퍼센트의 사람은 실력이 있지만, 80퍼센트의 사람은 평균이거나 그 이하이다. 더 자세히 말하면 20퍼센트는 우수하고, 60퍼센트는 평균, 나머지 20퍼센트의 사람은 평균을 크게 밑돈다.

이런 견해는 트러블 예방과 처리에 큰 효과가 있다.

일로 만난 의사, 정치가, 대학 교수, 낙하산 고위 공무원, 공인회계사, 컨설턴트 등 어떤 직업이든 마찬가지다. 본인 직업에 어울리는 견식을 갖추고 있는 사람은 20퍼센트 정도였다.

종교 법인도 세속적인 부분은 변호사의 조언을 필요로 한다. 토지 매매, 오피스 임대와 임차, 상표 부정사용, 근로 문제 등으로 스님, 목사 등과 일로 접할 기회가 많다. 그런데 종교인에게도 80대 20 법칙은 적용되는 것 같다. 종교계도 어떤 면에서는 세속적인 부분이 있다. 훌륭한 종교인은 상위 20퍼센트, 60퍼센트는 보통 사람, 나머지 20퍼센트는 종교인으로서 평균 이하라고 나는 보고 있다.

유명한지 무명인지 불문하고 실력이 있는 사람의 비율은 같다. 유명인이라고 해도 실력이 있는 사람은 20퍼센트 정도이고, 무명인이라 하더라도 실력이 있는 사람은 20퍼센트 정도인 것 같다.

이것은 사람을 보는 나의 경험칙이다.

유명인의 80퍼센트는 실력과 명성이 일치하지 않는다. 즉, 유명하지만 실력이 없다. 반대로 무명인이지만 20퍼센트는 실력이 있다. 다시 말해 유명하지 않지만 실력이 있다. 이런 인식을 가지고 사람을 접한 결과 사건을 처리하는 데에도 많은 도움이 되었다.

매스컴에서
유명한 사람들의 속성

저널리스트 히가시타니 사토시는 『경제학자는 믿을 수 있는가』(분슌신쇼 발간)에서, 매스 미디어에 빈번히 노출되는 저명한 경제학자가 너무나도 간단히 말을 바꾸고 있다고 지적했다.

거품경제, 재정출동(財政出動, 경기 안정을 도모하기 위한 경제 정책. 공공사업에 투자해 수요를 증가시킨다), 금융 정책, IT 혁명 등에 대한 발언을 분석하고, 히가시타니는 이렇게 꼬집었다. "경제학자는 이전에 말한 것과 모순되는 말을 아무렇지도 않게 바꾸는 것 같다. 그런데도 불구하고 자신감이 하늘을 찌른다. 그다지 근거도 없는 말이 마치 권위가 있는 것처럼 매스 미디어 시장에서 퍼져가고 있는 것 같다."

히가시타니의 발언은 나 같은 경제 분야의 문외한에게는 놀라움을 안겨준다. 그러나 그와 동시에 있을 법한 일이라는 생각도 강하게 든다.

예를 들면 모 경제학자는 "매스컴 노출도로 경제학자의 가치가 정해진다. 나는 1990년대 이후 미디어 등장 회수로 상위 5위 안에 든다."고 자화자찬했다고 한다. 그는 히가시타니에게 경제학자의 마음가짐에 대해 이렇게 말했다고 한다.

"상황을 파악하고 방향을 정했다면 자신 있게 주장하고, 전에 한 주장이 틀렸다 해도 상관하지 말고 때에 따라서는 태연하게 거짓말도 할 줄 아는 강한 정신력이 없다면 토론에서 이길 수 없다."

또 히가시타니에 의하면 "H씨는 1980년대까지는 통상적 주장과는 다른 주장으로 예측을 적중시켜서 유명해졌지만, 1990년대 이후는 유행에 편승해 평론가 생명을 이어가고 있다"고 한다. S씨는 "문명론이나 역사론을 구사해 현재의 일본 경제를 논하고 있지만, 거기에 엄밀한 관련성은 거의 없다"고 한다.

나아가 니혼게이자이 신문은 1989년에는 일본적 경영을 칭찬했으면서, 1993년에는 완전히 역으로 방향을 바꾸었다. 일본적 경영을 비판하며 '흔들리는 일본적 경영' 등의 기사가 잇따랐다고 한다.

4년 사이에 경제학자들의 논점도 '일본적 경영'에서 '미국적 기업 통치'로 싹 달라졌다고 한다.

매스컴에서 유명한 사람들은 정도의 차이는 있을지언정, 앞에서 나열한 사람들의 예와 별반 다르지 않을 것이라고 생각한다. 경제학자뿐만 아니라 다른 분야의 전문가라 해도, 때에 따라서는 태연하게 모순된 말도 할 줄 아는 배짱이 없다면 매스컴의 각광을 받기는 어렵다. 히가시타니의 책은 그런 점을 재인식시켜 주었다.

히가시타니의 책을 읽은 후부터는 가끔 신문에 실리는 H씨나 S씨의 코멘트를 비판적으로 읽고 있다. 같은 분야라면 대충 판단이 가겠지만, 분야가 다르면 나 또한 매스컴에 등장하는 유명인의 말을 신뢰해 버린다. 파레토 법칙의 중요성을 다시 한 번 통감했다.

허구는
이렇게 만들어진다

예전에 변호사들 사이에서 아주 평판이 안 좋기로 유명한 모 변호사가 A신문 기사에서 '인기 변호사 탑 10'에 들어간 것을 보고, 내심 놀란 적이 있다. 그는 변호사협회의 징계도 받고 있지만, 매스컴에 자주 나와 일반인에게는 유명한 것이 사실이니까 틀린 기사라고는 말할 수 없다. 하지만 재판에서 승패를 좌우하는 것은 오직 증거다. 유명인사, 과거 대법원 판사, 과거 도쿄지검 특수부 검사라고 하면 대중들 사이에서는 대단한 인물로 평가받겠지만, 재판에서는 전혀 상관이 없다.

대중들에게 유명인사라 해도, 지위가 아무리 높다고 해도 파레토 법칙은 어김없이 적용된다. 유명한지 여부와 실제 실력은 아무런 상관이 없다는 이야기다.

대대적인 텔레비전 광고를 통해 유명해진 병원이 있다. 하지만, 이 병원의 수술 사고를 둘러싼 판결에서는 '많은 환자를 받기 위해 무리하게 수술 시간을 단축시켜 사고로 이어지는 안일한 편법'이라는 이유로, 비판의 대상이 되었다. 변호사들 사이에서는 그 병원의 원장은 요주의 인물이다. 또 이 병원은 탈세 혐의도 있다.

그럼에도 불구하고 B신문은 가정란에 이 병원 원장의 코멘트까지 올리며, 마치 그를 대단한 실력자인 것처럼 소개하고 있다. 어이없게도 B신문사는 이 병원의 문제점을 과거에 몇 번인가 다룬 적도 있다. 법조계

기자라면 이 병원 원장에 대해 모를 리가 없다. 가정란 담당 기자는 병원 원장에 대해 모르고 기사를 썼겠지만, 사내 데이터만 조사했어도 금방 알 수 있었을 것이다. 이러한 예는 B신문사뿐만 아니라 TV나 그 밖의 미디어에서도 흔히 접할 수 있는 일이다.

C신문이 어떤 감정사를 결함상품 감정 전문가라고 소개했다. 20년 전 일이다. 그 후 그 감정사는 C신문 기사를 홍보용으로 사용해서 이름을 알렸다. 책도 몇 권 출판했고, 그의 감정서가 재판에서 자주 증거로 제출되기도 했다. 하지만 이후 몇몇 재판에서 그의 감정서가 엉터리라며 신용할 수 없다는 판례가 나오기 시작했다. 그럼에도 불구하고 예전 C신문이 소개했던 기사의 후광 효과는 지금까지 이어지고 있다.

매스 미디어는 사람을 소개할 때 센세이션 쪽에만 포커스를 맞추는 듯하다. '정계의 엘리트', '카리스마 미용사', '바른 식생활 교육의 전도사', '씨름계 엘리트' 등 캐치 카피를 위주로, 진실이 감추어진 허상을 잘도 만들어낸다. 권위의 80퍼센트는 거의 허상이라고 보면 된다. 보도와 실제의 갭이 너무도 크다.

이해타산을 읽는 법

시대가 바뀌고 사람이 바뀌어도 인간의 본성은 바뀌지 않는다. 판단과 행동의 기준은 이해타산에 의해 결정된다. 회사의 도산과 합병, 사내 세력 싸움 등 사람이 다르고 사건은 달라도 이해타산의 관점에서 바라보면 분쟁의 승패를 점칠 수 있다.

지금이야 의뢰인이 대부분 기업이지만, 내가 젊은 시절 막 독립해 나왔을 때는 개인 의뢰인도 많았다. 의뢰인의 직업도 각양각색으로 다양했다.

생각나는 대로 적어보면 카레이서, 프로야구 선수, 발명가, 비행기 조종사, 바이올린 연주자, 록 싱어, 작사가, 극장 지배인, 보석 디자이너, 신흥종교의 교조, 신문기자, TV 디렉터, 대학 교수, 트럭 운전사, 모험가, 산악인, 어부, 다단계회사 사장, 사기꾼, 암거래 상인, 심부름센터 직원, 점쟁이, 사채업자, 경제학자, 영국 귀족, 정치가, 고위직 공무원, 식물학자, 임상의, 바 여사장님, 흥신소 직원, 탐정 등이다.

지금까지 내가 담당했던 7천~8천 명이 넘는 의뢰인 가운데, 이해타산이 아닌 관계를 중요시했던 사람은 단 한 사람밖에는 없었다.

작은 출판사 여사장님으로부터 의뢰를 받은 적이 있었다. 1년 전에 남편이 죽고 나서 사장직을 역임하게 되었다. 그러나 이사직을 맡고 있던 남편 친구를 내보내고 싶다는 것이다. 이유는 매달 500만 원씩이나 월급을 주고 있는데, 그에 걸맞는 일을 하고 있지 않다는 것이다. 하지만 죽은 남편의 친구인 관계로 본인이 직접 말하기는 곤란하므로, 나보고 해임 통지를 해달라는 것이었다.

이사직 일에 걸맞는 일을 하고 있느냐, 그렇지 않느냐의 문제는 주관적 생각이 강하게 작용하기 때문에, 서로간의 분쟁으로 이어질 수 있다. 아직 임기가 남아 있기 때문에 1년분 퇴직 위로금을 생각하면서 '남편 친구'라고 하는 이사와 만났다.

하지만 결과는 예상을 빗나갔다. 해임 통지를 하자 예상도 못했던 대답이 돌아왔다.

"알겠습니다. 제 나름대로 최선을 다했지만, 친구 와이프이기도 한 사장님의 뜻이 그렇다면, 이 자리에서 사표를 쓰겠습니다."

이렇게 말하더니 아무런 보상도 요구하지 않고, 담담하게 사표를 쓰는 것이었다.

20년도 더 전이니까 월 500만 원의 월급은 아주 큰돈이었다. 당장 생활이 힘들어질 것이 뻔한데도 그의 반응은 뜻밖이었다. 작은 체구에 흔히 볼 수 있는 평범한 외모였지만, 참 훌륭한 분이었다. 자신의 이해관계보다도 상대를 먼저 배려한 분은 변호사 생활 30여 년간, 이 분 단 한 사람밖에는 없었다. 아주 먼 옛날 일이지만 아직도 내 기억에 선명하게 남아 있다.

5

공격 받지 않고
핵심을 찌르는 노하우

너무 적나라하면 미움 받는다

죽음에 임박해서야 깨달은
궁극의 가치

우리는 평소 도덕, 예의, 윤리, 상식에 얽매여 어떤 대상을 있는 그대로 직시하기가 어렵다.

하지만 죽음과 직면하면, 인간은 사물의 궁극적 의미와 가치를 확실히 의식하게 된다. 죽음이 임박하면 훈장도 체면도 다 부질없다. 세상사의 대부분은 사소하고 잡다하고 진부할 뿐이다.

53세에 암으로 세상을 떠난 정신과 의사 요리후지 카즈히로는 자신의 저서 『제가 암에 걸렸습니다 : 어느 정신과 의사의 병중 일기』에서 병문 안과 장례식에 대해 "마치 재난과도 같은 풍습"이라고 야유했다.

요리후지는 1999년 여름이 끝나갈 즈음에 초기암 증상이 나타났고, 이듬해 직장암으로 입원해 수술을 받았지만 전이되었다. 그리고 병중에 이 책을 펴냈다. 죽음과 직면한 요리후지에게 병문안이나 장례식에 참석 한다는 일 자체가 무슨 의미가 있었을까?

병문안에서는 걱정을 해주거나 안심시키거나 희망을 주는 행동을 해 야 하고, 장례식에서는 슬픈 표정으로 조의를 표하며 고인의 명복을 빌 어야 한다.

하지만 병문안을 간 사람이나 문상하러 간 사람의 노력과 투자에 비 해, 병자나 고인에게는 메리트가 거의 없다. 하나의 의식이니까 어쩔 수 없기는 하지만, 환자는 병문안으로 찾아온 사람들을 상대하느라 더 피곤할 수도 있다. 또 죽은 사람이 장례식에 찾아온 사람이 많아서 기뻐했다는 얘기를 들어본 적 없고, 찾아온 사람이 적다고 해서 슬퍼했다는 얘기를 들어본 적도 없다. 조문객이 수천 명이 넘는 성대한 장례식도 고인의 죽음을 애도하는 사람이 많다는 걸 뜻하기보다 상주喪主의 권위를 나타내는 경우가 대부분이다.

동상을 세우는 일도 동기가 순수하다고 보기는 어렵다. 왜냐하면 동상을 세우자고 주장했던 장본인이야말로 고인의 일 따위는 곧 잊어버리기 때문이다. 이렇게 어떤 대상을 직시해서 바라보면, 전통적 사고방식에 저항하게 된다. 그리고 사물을 직시하면, 대중으로부터 멀어지고 때로는 비난을 받기도 한다.

욕먹을 각오가
되어 있는가

직시하기 위해서는 기존의 가치관으로부터 자유로워지지 않으면 안 된다. 도덕, 권위, 상식, 형식을 의심하지 않고서 직시하기란 불가능하다. 오로지 기존의 가치관을 버렸을 때만 주관을 섞지 않고 실제 사물에 비추어 생각할 수 있다. 이러한 즉물적即物的 사고를 드러내는 데에는 용기가 필요하다. '냉철하다', '피상적이다' 등의 비난을 받을 수도 있다는 각오를 해야만 한다.

즉물적 사고가 비난을 받는 이유는 현실을 너무나도 적나라하게 드러내기 때문이다.

일본은 '심정', '성의' 등의 주관적 요소를 존중하는 사회이다. 하지만 주관적인 요소로는 권력이나 나쁜 인간과 맞서 싸울 수가 없다.

인간은 누구나가 체면을 중시하기 때문에, 지나치게 노골적인 리얼리즘을 싫어한다. 환상과 허식 없이는 살아갈 수 없는 동물이다. 아니, 환상과 허식이야말로 문화의 모체이기도 하다. 훈장을 받고 기뻐하는 사람, 명예직을 긍지로 생각하는 사람, 브랜드로 몸을 치장하는 사람, 유명인과의 친분을 자랑으로 여기는 사람 등 겉모습을 포장함으로써 정신적 균형을 유지한다.

물론 가혹한 현실로부터의 도피가 정신 건강상 좋을 때도 있다. 심리학자 사이토 이사무에 의하면, 가혹한 현실과 정면으로 맞서 싸우는 사람들한테 우울증 환자가 많다고 한다. 우울증에 빠진 사람들이 현실을 정확히 보고 있다고 말할 수도 있겠다.

유일무이한 사고법은 존재하지 않는다

다만 주의할 것이 있다. 직시적 사고도 사물의 한 면을 보며 진실을 꿰뚫는 도구에 불과하다는 사실을 기억해야 한다. 이 견해도 다양한 사고법 중 하나에 불과할 뿐이다. 유일무이의 절대적 사고법은 존재하지 않는다. 상대적 가치가 존재할 뿐이다.

직시적 사고법은 발가벗긴 사실을 있는 그대로 보기 때문에 때로는 기존의 가치관에 비수를 꽂기도 한다. 직시적 사고는 잘못하면 사회로부터 위험인물로 낙인찍힐 수도 있고 오해를 받기도 하기 때문에, 마음속 깊이 감추고 있다가 진짜 필요할 때 적절히 사용해야 한다. 이런 각오가 없다면, 직시적 사고는 큰 위험을 초래할 수도 있다.

제4장

상대를 존중하는 것이 먼저다

공감하라

1

내가 옳다,
그런데 상대도 옳다

애초에 '옳은 의견'이라는 건 없다

사람들은 자기가
보고 싶은 대로만 본다

　오랜만에 앨범을 정리하자니, 지금은 성인이 되어버린 아들, 딸의 20년 전 모습이 담긴 사진들이 나왔다. 아이들이 유치원이나 초등학교 시절에 나와 와이프는 운동회고 여행이고 기회만 있으면 사진을 찍어 댔다. 그리고는 앨범에 정리하며 뿌듯해했다. 지금 생각하면 남 보기 민망할 정도의 딸 바보, 아들 바보였다.

　그런데 당시의 앨범을 보니 왠일인지 아이들이 그 당시에 생각했던 것만큼 귀여워 보이지 않았다. '아냐 그렇지 않아. 이보다는 더 귀여웠을 거야.'라고 생각하며 다시 사진들을 봤지만, 사진 속의 아이들은 다들 비슷하고 고만고만했다. 깨물고 싶을 정도로 세상에서 제일 예쁘고 귀여웠던 아이들이 지금 보니 그다지 뛰어나게 예쁘고 귀여운 얼굴은 아니었던 것 같다.

　'이상하다'고 생각했지만, 그렇다고 당시의 내 생각이 틀린 것은 아니었을 것이다. 다른 쪽 면에서 보면 지금의 생각도 틀린 것은 아니다. 사실 사람의 생각은 세월이 지남에 따라 바뀌기도 하는 것이다.

　20년 전과 지금, 느낌과 생각이 이처럼 다른 것은 좀 이상하기는 하지만, 그렇다고 20년 전 내 생각이 틀리고 지금의 내 생각이 옳다고 말할 수는 없다.

　인간은 자기만의 신념으로 세상을 바라본다. 아무리 객관적으로 본다고 해도 '자기自己'라는 필터를 통해 보고 있는 것이다. 전혀 감정을 섞지 않고 객관적으로 사물을 바라본다는 것 자체가 인간에게는 불가능한 일이다. 또 혹시 가능하다고 해도 그런 인생은 별로 재미가 없을지도 모른다. 우리들은 대상을 있는 그대로 보지 않고 보고 싶은 대로 본다.

실은 볼 때뿐만이 아니라 무언가를 생각할 때도 마찬가지다. 그 사람만의 관점에서 생각한다.

내 입장에서의 생각, 동업자 입장에서의 생각, 매스 미디어라는 입장에서의 생각, 세상 사람들 입장에서의 생각, 다양한 입장에서의 생각이 있고 기준도 각자 입장에 따라 달라진다.

의견이라고 하는 것에는 반드시 어떤 일정한 기준이 있다. 그 기준에 따라 '좋아한다 싫어한다', '좋다 싫다', '달다 맵다' 등으로 판단한다. 기준이 없는 판단은 있을 수 없다. 또 기준이 없다면 개인의 의견 또한 있을 수 없다. 하지만 이 기준에는 그 사람의 성격, 성장 과정, 교육, 가족 환경 등 여러 요소가 들어가 있다. 또 끊임없이 그 기준은 바뀌기도 한다.

예를 들면 나는 10대 청소년 시절에는 음악에 전혀 관심이 없었다. 그러나 20대 시절에는 독일의 작곡가 멘델스존을 좋아하게 되었고, 중년에 들어 모차르트를, 지금 현재는 바흐를 좋아한다. 일본 엔카, 록, 재즈, 민요 등에는 전혀 관심이 없다. 아들, 딸 세대가 보면 공감대를 형성할 수 없는 그저 노인네에 불과하겠지만 말이다.

이런 일은 음악뿐 아니라 그림, 소설, 사상에서도 찾아볼 수 있다. 젊었

4장 상대를 존중하는 것이 먼저다

을 때는 톡톡 튀는 것을 좋아했다면, 지금은 편안한 것을 좋아한다. 이처럼 취향이나 생각도 끊임없이 바뀌어 간다.

옳고 그름은
누가 판단하는가

회의나 협상을 할 때 '본인 의견이 옳고, 상대편 의견은 옳지 않다'라고 말하는 사람을 자주 본다. 이런 사람들은 자기 생각이 절대적으로 옳다고 믿고 있는 것이다. 하지만 다른 사람들은 그의 생각을 옳다고 인정하지 않는데, 자신만이 옳다고 말하는 '절대적' 근거는 어디서 오는 것일까?

어떤 의견이 옳은지 그른지는 누가 판단하느냐에 따라 다르다. 중립을 지키는 제삼자가 없다면, 본인이 옳다고 단정하는 것은 무의미하다. 예를 들어 다른 사람의 의견이 말도 안 되게 어리석다 해도, 그것 때문에 본인의 의견이 절대적으로 옳다고 말할 수는 없다. 두 가지는 전혀 별개의 문제라는 이야기다.

재판에서는 원고와 피고, 양쪽 다 자기 말이 옳다고 주장한다. 그러나 판결이 나고 나면 한 사람의 주장은 옳은 것이 되고, 다른 한 사람의 주장은 틀린 것이 된다.

변호사는 판사의 판단에 의해 자신의 주장이 틀린 것이라고 판결이 날 수도 있는 리스크를 늘 안고 있다. 그래서 베테랑 변호사는 자신의 주장이 맞다고 생각해도, 그것을 특별시하지는 않는다.

변호사는 자기 의견을 정면으로 반대하는 상대에 의해 단련돼 간다. 그렇다고 법원의 판단이 옳다는 이야기도 아니다. 그것은 법이라는 제도 하에서의 판결일 뿐이다.

그런데 재판과는 달리, 세상에서의 의견이라는 것은 일방적 발언으로 끝나 버릴 때가 많다. 이코노미스트의 '앞으로 경기가 좋아질 것이다, 나빠질 것이다' 하는 판단이나 미디어에 출연하는 평론가의 코멘트에서 공정한 제삼자의 판단은 없다. 그렇기 때문에 세상에서는 자기 의견이 옳다고 하는 세속적 의견이 만연하는 것이다.

다수의 의견이면
옳은 의견인가

이런 점에서 '사실'과 '의견'의 의미는 분명해진다. 신 메이카이 국어 사전에 의하면 다음과 같다.

① 사실

'사실'이라고 하는 것은 '실제로 있었던 일로, 누구도 부정할 수 없는 사항'이다. 누구도 부정할 수 없으려면 증거가 반드시 필요하다.

② 의견

'의견(意見, 확신이 없는 판단)'이라고 하는 것은 '어떤 문제에 대한 개인의 생각'을 말한다.

결국 의견은 어떤 대상에 대한 개인의 생각(주관)에 불과하므로, 반드시 객관적이라고는 말할 수 없다. 따라서 의견은 사실과 다를 수도 있으므로, 객관적 증거를 필요로 하지 않는다.

'사실'은 존재하느냐 하지 않느냐의 문제이고, '의견'은 개인의 생각이므로 복수 성립이 가능하다. 그러므로 '옳은 의견'이라고 말하는 것은 부적절한 표현이다. '다수의 의견'은 있어도 '옳은 의견'이란 없다. 본인이 옳다고 생각해도 다른 사람이 그렇게 생각하지 않으면, 객관적으로 옳다고 말할 수 없다.

가쿠슈잉 대학 명예교수인 키노시타 코레오는 다음과 같이 지적한다.

"'~해야만 한다'라는 의견에는 어느 것이 '옳다'라고 하는 기준이 없습니다. 이런 종류의 의견에 대해 '그 의견은 옳다'고 말하는 사람들을 보면 본인 생각과 같거나 '다수의 의견'에 불과할 때가 많습니다. 우리들은 다수 의견을 '올바른 의견'이라고 착각하는 경향이 있습니다."

(『실천 · 언어기술 입문』 언어기술회편 아사히신문사)

이와 같이 생각해 보면, 한 대상에 '유일한 정답'은 존재하지 않는다는 것을 알 수 있다. 바꿔 말하면, 문제에는 '다수의 옳은 견해見解'가 존재하는 것이다. 옳은 견해가 단 하나뿐이라고 하는 것은 합리적이지 못하다.

그래서 키노시타는 사실과 의견을 구분하지 못하는 사람은 학문에는 적성이 맞지 않는다고 말한다. 비즈니스 세계에서도 마찬가지다. 사실과 의견을 구분하지 못하는 사람은 허위정보나 유언비어에 빠져들기 쉽기 때문에 경영자로서는 실격이고, 샐러리맨으로서도 성공과는 거리가 멀다.

"이런 감각(사실과 의견을 전혀 다른 문제로 생각하는 감각_필자 주)이 없는 사람들은 과학, 더 넓게는 학자의 길을 걸어가기는 어렵습니다. 학문은 사실과 그에 따른 이론적 해석(의견)을 구별하면서 연구해 가는 과정이기 때문입니다. 또 하나, 이렇게 감각이 둔한 사람은 허위정보에 빠져들기도 쉽습니다."

(『실천 · 언어기술 입문』 언어기술회편 아사히신문사)

자신의 의견도 많은 의견 중 하나에 불과할 뿐, 반드시 옳은 의견이라고는 말할 수 없다. 본인의 의견에 자신감이 있기 때문에 타인의 의견에도 귀를 기울일 수 있는 것이다. 자신감이 없는 사람일수록 타인을 나쁘게 비난하며, 자기 자신이 옳다고 목소리를 높이는 법이다.

2

정답보다
최적의 선택지를 찾아라

좋아하든 싫어하든 모두 이유가 있다

좋아하고
싫어함의 생리

내가 사우나를 좋아하는 이유는 긴장이 풀리고 머리를 비울 수 있기 때문이다. 사우나에 들어가면, 일상의 긴장감에서 해방되어 아이디어가 잘 떠오른다.

내가 사우나를 시작한 지는 40년이 되었다. 신입사원 시절, 그 당시로서는 드물었던 보양保養시설에 사우나가 있었다. 선배가 데리고 간 그 곳은 약 2평 정도의 좁은 공간이었지만, 나는 사우나의 매력에 푹 빠져 버렸다. 사우나에서 1시간 정도 땀을 빼고, 창밖으로 보이는 야하기 강을 바라보며 마시는 한 잔의 맥주는 그만이었다.

그 이후로 나는 사우나에 중독되어 국내든 해외든 출장을 가면, 꼭 사우나가 있는 호텔로 잡는다. 요즘은 수십 평의 넓은 공간에 냉탕까지 갖춘 사우나가 있는 호텔도 있어 출장이 즐겁고 행복하다. 나는 기관지가 약해서 드라이dry 사우나보다 웨트wet 사우나를 좋아한다.

사우나는 나에게 있어 취미라기보다 거의 생활의 일부이다. 사우나를 한 후에는 나의 뇌에서 알파파(긴장을 풀고 있는 상태에서 볼 수 있는 뇌파)를 자꾸자꾸 방출하고 있을 것이다.

나는 이해하기 어렵지만, 사우나를 싫어하는 사람도 있다. 밀폐된 공간에서 나오는 뜨거운 바람이나 습기가 생리적으로 불쾌하다고 한다. 이런 사람이 사우나를 할 때는 당연히 알파파도 나오지 않을 것이다.

4장 상대를 존중하는 것이 먼저다

이처럼 어떤 대상에 대한 호불호는 사람에 따라 다르다. 싫어하는 사람에게는 나름대로 생리적으로 맞지 않는 이유가 있을 것이다. 그렇기 때문에 사우나 취미가 바람직하다든지 고상하다고 말해야 할 이유는 결단코 없다. 단지 취향의 문제일 뿐이다.

술도 마찬가지다. 나의 술 경력은 사우나보다도 훨씬 더 옛날로 거슬러 올라간다. 술 또한 내 생활의 일부이다. 하지만 내 와이프는 소주잔으로 두 세잔만 마셔도 이튿날까지 머리가 아프고 속도 안 좋다며 숙취로 고생한다. 친구 중에는 생리적으로 술을 전혀 못 마시는 사람도 있다.

나에게 있어서 술은 가장 좋은 보약 중에 보약이다. 술이 없는 인생은 생각하는 것만으로도 무미건조하고 재미가 없다. 하지만 술을 생리적으로 받아들일 수 없는 사람에게는, 술은 냄새를 맡는 것만으로도 불쾌한 것이다.

결국 세상의 대부분은 취향의 문제가 있을 뿐, 옳다 그르다의 문제는 아니다. 술이나 사우나를 좋아하는 사람도 있고, 싫어하는 사람도 있다. 어느 한쪽이 옳다고 할 이유는 없다.

정답을 신봉하지 말 것

학생과 사회인의 가장 큰 차이는, 사회에 나가면 교과서에는 없는 전혀 새로운 문제와 직면하게 된다는 것이다. 그 문제들은 전혀 처음 경험하는 문제이기 때문에 해답도 모르고 정답도 없다.

특히 인간관계가 얽힌 문제는 정답이 없다. 남녀가 헤어질 때와 마찬가지로, 대응방법은 천차만별이다. 사람마다 방법이 다르다. 맞다 틀리다의 개념이 아니고, 상황에 잘 대처하느냐 그렇지 않느냐가 포인트다.

어떤 기업이 채무초과로 회생이냐, 파산이냐 선택의 기로에 서 있다고 하자. 아마추어가 이 상황을 보면, 채무초과액을 세무사나 공인회계사가 산정하면 끝이라고 생각하기 쉽다. 그러나 그렇게 단순한 문제가 아니다.

① 오래된 재고상품을 판매 가능한 상품으로 평가할 것인가
② 불량 재고품을 얼마로 평가할 것인가
③ 반품자유 조건으로 판매점에 억지로 밀어넣은 상품을 매출로 볼 것인가

이처럼 여러 상황을 생각해 보면, 채무초과액을 계산할 때 경우에 따라서 300억 원도 될 수 있고, 500억 원도 될 수 있고, 800억 원도 될 수 있다. 채무액을 산정하는 개인의 평가 기준에 따라 크게 영향을 받는 것이다.

은행의 도움을 받을 수 있는 경우라면, 처음부터 채무초과액은 발생하지 않았을지도 모른다. 자세히 검토해 가다 보면, 채무초과액의 산정 기

준 자체가 폭이 넓다는 걸 알 수 있다. 결국 교과서에서 배운 것처럼 하나밖에 존재하지 않는 유일한 정답은, 실제 사회에서는 존재하지 않는 것이다.

이렇게 채무초과액 산정을 둘러싸고 회생이냐, 파산이냐의 치열한 투쟁이 시작된다. 투쟁에서는 또 임원 개개인의 이해관계가 얽혀 있다.

여기서도 융통성이 없는 사람은 '유일한 정답 찾기'를 한다. 채무초과를 했느냐, 하지 않았느냐 식의 이분법 사고방식만 고집한다. 만약 초과를 했다면 명확하게 계산이 가능하다고 굳게 믿는다. 확실히 교과서에는 채무초과냐, 아니냐의 명백한 전제가 쓰여 있다. 그러나 실무에서는 채무를 어떤 방식으로 산정할 것인가가 문제의 포인트다. 이렇게 아무리 설명을 해도 알아듣지 못한다. 가히 '정답 신봉자'라고 부를 만한 융통성이다.

3

반론으로 생각의 힘은 깊어진다

◆
·
·
·

반대 의견이야말로 소중하다

반론에서
배움이 나온다

　일본에서 남들과 다른 사람은 이단자(전통이나 권위에 반항해 자기 개성을 주장하는 자)로서 왕따의 대상이 된다. 권력자에게 있어서 반대자는 눈엣가시다. 다수파에 있어서 소수파는 제거하고 싶은 존재다. 회사 CEO에게 있어서 반대하는 임원은 껄끄러운 존재다.

　나도 몇몇 회사의 임원을 역임했지만, 이사회에서 반대 의견은 좀처럼 나오지 않는다. 혹시 반대 의견이 나와도 회의록에는 실리지 않거나, 사무국에서 조정·수정해서 기록한다. 요즘은 대표이사 소송 사건에서 임원들도 고소를 당하기 때문에, 회의에서의 찬반은 정확히 기재돼야 하지만 실제로는 하지 않고 있는 실정이다.

　회의록을 사무국에 전면 맡기고 체크하지 않는 것은 여차할 때 문제가 될 소지가 크다.

　이처럼 일본인은 나와 의견이 다른 사람으로부터 배우려는 자세가 전혀 없다. 국회를 봐도 대답을 얼버무리거나 거짓 답변을 하기에만 애를 쓰지, 상대 의견에서 배우려고 하는 자세는 보이지 않는다. 소수의 의견을 인정하려 들지 않는다. 토론을 통해 여러 의견을 내고 더 좋은 해결방안을 찾는 전통이 일본에는 없다.

　많은 사람들이 의견 대립을 싫어하지만, 의견 대립은 오히려 건전하다는 증거가 된다. 합병에 혼자서 반대하던 임원이 나중에 결국은 다수파가 되기도 한다.

미숙하고 과격하고 비현실적 의견이라 해도 참고가 될 수 있기 때문에 처음부터 이유도 없이 배척해서는 안 된다.

반대 의견과의
공존

흡연자에게 흡연의 해로운 점을 아무리 이야기해도, 대부분은 귀 기울여 듣지 않는다. 머리로는 알고 있지만 지적당하는 자체가 유쾌하지 않기 때문이다. 자신과 다른 생각을 들으면, 인간은 인격과 자존심을 모욕당한 것 같은 생각이 들어 감정적으로 반발하고 상대를 비난하는 경향이 있다. 자신과 다른 존재를 인정한다고 하는 것은 결코 쉬운 일이 아니다.

하지만 타인이 반대 의견을 가지는 것을 금할 수는 없는 일이다. 강제적으로 의견을 바꾸게 하는 일은 불가능한 일이다. 결국은 소수 의견, 반대 의견과 공존해 가는 수밖에는 없다. 과거와 타인은 내가 지배할 수 없는 부분이다. 성에 차지 않는 반대 의견이라 해도 어떤 형태로든 공존해 갈 수밖에 없다.

꾹 참고 듣는 능력을 키우고, 때로는 자신의 의견을 바꿀 수도 있다는 마음가짐을 갖는 것이 중요하다. 비즈니스의 분쟁은 평화적 수단으로 해결하지 않으면 안 된다. 상대를 처음부터 적대시한다면 해결될 문제도 해결이 안 된다.

아무리 설득하고 압력을 가해도 상대가 마음을 열지 않으면 의미가 없다. 자신의 생각이 절대적으로 옳다고 굳게 믿고 반대 의견을 들으려고도 하지 않는다면, 이 세상은 폭력, 증오, 불신이 만연하는 세상이 되어버릴 것이다.

상대가 누구든 우리는 분쟁을 통해 상대와 커뮤니케이션하고 있는 것이다. 이러한 의식이 없다면, 일을 시작할 수는 있어도 제대로 끝내기는 어렵다.

정보 수집에서
편식은 있을 수 없다

공해 반대, 남녀차별 금지, 비흡연자의 권리 운동 등 세태와 편견에 맞서 싸운 것은 늘 소수자였다. 시대적 편견에 사로잡히지 않은 소수자나 반대자는 우리 사회에 귀중한 선물을 안겨주곤 했다.

『침묵의 봄』에서 화학물질에 의한 환경오염을 비판한 레이첼 카슨*이

---

* 새들의 노랫소리가 없는 봄을 상상해 보라. 레이첼 카슨이 쓴 『침묵의 봄』은 살충제 남용으로 인한 생태계 파괴를 경고한 책이다. 지금이야 환경 보전에 대한 목소리가 과거에 비해 현저히 커졌지만, 이 책이 나올 당시만 해도 살충제 제조업자들이나 정부는 여성 생태학자가 여성 특유의 감성적인 능력을 발휘해 확인되지도 않은 사실을 가지고 사람들을 선동하고 있다고 주장했다. 광대한 미국의 농업지역에서 소형 비행기로 살충제를 투여하면 소량만 닿아도 해충뿐 아니라 익충, 수많은 동식물들, 그리고 지하수를 오염시켜 인간에게도 피해를 준다는 그녀의 경고는 많은 사람들을 깨웠다. 이 책에서 놀라운 점은 그녀의 관찰력인데, 출간된 지 50년을 넘긴 이 책은 이제 고전의 반열에 올라 있다.

나, 미국의 동시다발적 테러 보복을 위한 군사행동에 미국 연방 하원에서 유일하게 반대했던 단 한 사람 바바라 리*가 좋은 예다. 미래를 예측하는 것은 소수의 지적 소유자들이다. 세상을 흥분시켰던 열기가 식고 나서야 비로소 많은 사람들은 소수 의견의 의미를 깨닫는다.

유력한 소수가 없는 사회는 위험한 질주를 하게 마련이다. 소수의 존재는 다수의 위험한 질주를 막는 열쇠이다. 소수는 건전한 조직 유지에 반드시 필요하다. 그럼에도 불구하고 다수는 소수를 억압하려 한다.

반대 의견에 접했을 경우, 가능한 한 '그런 생각도 있구나', '나는 반대 입장이지만 당신의 의견은 무엇인지 알았다'는 태도를 취해야 한다. 반대의견을 무조건 나쁘게만 비판하는 것은 자신감 결여의 또 다른 표현이다.

정보 수집을 할 때 편식을 해서는 안 된다. 싫어하는 사람의 의견이라 해도 정보의 가치가 없는 것은 아니다. '뭔가의 실마리가 될지도 모른다'고 생각하며 선입견을 버리고 귀를 기울이는 태도가 중요하다.

비판에 귀를 기울일 때 생각의 힘은 한층 더 깊어질 수 있다. 반대 의견을 듣는 행위는 타인의 데이터베이스에 있는 정보를 불러내는 것과 마찬가지다.

---

* 9·11 테러 직후 미국의 부시 정부는 자국의 테러에 대한 보복공격 대상으로 아프가니스탄을 지목했고 최대한 빠른 속도로 전쟁 준비 태세에 임했다. 범인을 지목하고 그가 은거해 있는 아프가니스탄을 보복공격의 대상으로 삼는 것을 명분화하기 위해 '테러와의 전쟁'을 간판으로 내걸었다. 대통령에게 무력행사를 허용하는 결의안이 의회를 통과할 때 유일하게 반대표를 던진 사람이 바로 하원의원 바바라 리였다. 420:1이었다. 이후 쏟아지는 협박전화와 위협 때문에 경호원이 필요할 정도였다고 한다. 하지만 전쟁은 폭력을 정당화하는 것일 뿐 '평화를 위한 전쟁' '명분이 있는 전쟁'이란 있을 수 없다는 것이 그녀의 생각이었다.

마이너스 상황을
예측할 수 있는가

　변호사에게 있어서 마이너스 정보 수집은 매우 중요하다. 우수한 법률가일수록 마이너스 정보를 수집하고, 평범한 법률가일수록 플러스 정보를 수집한다.

　반대 의견은 일종의 마이너스 정보다. 그렇기 때문에 감정을 자제하면서라도 수용해야만 한다. 반대 의견을 참고 들을 수 있다면, 협상이나 재판에서 상대가 어떻게 나올지 예측이 가능하다. 비즈니스라면 더 좋은 해결책을 만들어낼 수 있다. 불쾌한 의견에 귀를 기울이면, 결국은 본인의 메리트가 된다.

　변호사는 상대의 의견을 들어주는 도량이 없다면 실패할 수밖에 없다. 상대의 생각을 예측할 수 있다면 사전 준비가 가능하다. 자신과 견해가 다른 점을 이해한 뒤에 일을 진행한다면 흔들리지 않을 것이다.

　우리를 두렵게 만드는 가장 무서운 상황은 상대방이 어떻게 나올지, 어떤 생각을 가지고 있는지, 반격을 전혀 예측하지 못한 상태에서 기습 공격을 당할 때다. 특히 증인 심문에서 기습공격을 당하면, 꼼짝없이 당할 수밖에 없는 최악의 상황이 벌어진다.

　비즈니스에서도 평범한 관리직 사원은 자기에게 유리한 정보만 수집하는 것이 보통이다. 사색(생각하는 힘)은 결국 인내의 결과다.

　오른손잡이라고 해서 왼손이 쓸모없는 것은 아니다. 또 왼손잡이라고 해서 오른손이 쓸모없는 것도 아니다. 양손이 서로 도우며 일을 한다. 반대 의견을 검토하지 않고 내린 결정은 취약할 수밖에 없다.

4

스스로를
냉정하게 평가하라

◆
:

머리 좋은 사람이라면 더욱 냉정하라

지혜와 학력은
서로 관계가 없다

　반대 의견에 귀를 기울이기란 그리 쉬운 일이 아니다. 이른바 엘리트일수록 자기 판단에 자신감이 넘쳐, 반대 의견은 아예 처음부터 눈길도 주지 않는 경향이 있다.

　엘리트라면 탁월한 교양과 견식을 갖췄을 것이다. 그리고 감정을 자제할 줄 알고, 일 처리를 합리적으로 할 수 있는 지혜로운 사람일 것이다.

　하지만 요즘 엘리트라고 부르는 사람들은 스펙만 화려하고 지식은 있어도 지혜가 없는 껍데기 엘리트가 많다, 라는 악평이 만연하고 있다. 일류대학을 1등으로 졸업했다, 최연소로 사법고시에 패스했다, 미국 일류 로스쿨에서 유학했다, 라며 과시하는 인물들이 있다. 그러나 그들은 기억력 테스트에서 합격했을 뿐이다. 윤리, 지혜, 적응력, 통찰력을 테스트하는 시험이 아니었다. 인생을 살아가는 데 있어 지혜와 학력은 비례하지 않는다. 전혀 관계가 없다. 아니, 지혜와 학력은 때론 반비례한다.

　요즘 세상은 인간관계 의식이 희박하고, 손익을 우선으로 한다. 경쟁을 중요시하고 타인을 무시하는, 자기 세계에 빠져 있는 착각 속의 엘리트들이 늘고 있다. 이런 종류의 엘리트들은 다른 사람을 본인의 욕구를 달성하기 위한 수단으로밖에 보지 않는다. 찔러도 피 한 방울 안 나올 것 같은 냉혈한과도 같다. 이런 사람들에게는 다음과 같은 특징이 있다.

① 자신이 늘 옳다고 생각한다.

② 교만하고 사람을 무시한다.

③ 지적당하면 화를 다스리지 못한다.

④ 비판은 잘하지만, 제안은 못한다.

⑤ 상사에게 아부를 잘하고, 신변보호에 탁월하며, 이익을 위해서는 배신도 식은 죽 먹기다.

자기 자신이 미인이라고 생각하는 순간 그는 더 이상 미인이 아니다. 그 교만함이 사람을 불쾌하게 만든다. 미인인지 아닌지는 타인이 판단하는 것이다. 같은 예로, 자신이 지혜롭다고 하는 자는 지혜롭지 못하다. 자신을 좋은 사람이라고 생각하는 자는 좋은 사람이 아니며, 엘리트라고 생각하는 자는 엘리트가 아니다. 진정한 엘리트는 자신을 엘리트라고 의식하지 않는다.

학원만 열심히 다녔던 껍데기 엘리트는 사회에서 트러블 메이커가 되기 쉽다. 상사이든, 동료이든, 부하이든 자신을 엘리트라고 착각하는 인간일수록 함께 일하기에는 너무도 불편하다.

본인이 엘리트라고 생각하는 사람은 사실은 정신적으로 문제가 있는 사람이다. 그들은 다른 사람이 모르는 자기만의 콤플렉스가 있어서, 그 반동으로 '어때? 나 대단하지?'라고 보여주고 싶은 것이다.

자기 삶에 정신적으로 만족한다면, 다른 사람의 눈을 별로 의식하지 않을 것이다. 채워지지 않는 내면을 명성으로 채우려 하지 않을 것이다.

똑똑한 인간에게
절대 중책을 맡기지 마라

사가현의 무사, 야마모토 츠네토모도 껍데기 엘리트를 싫어했다.

『하가쿠레葉隱』(무사의 수양서)는 츠네토모가 제자들에게 무사의 자세를 가르친, 일종의 처세술이다. 기후현의 세키가하라 싸움(토쿠가와 이에야스가 승리해 천하의 실권을 잡음)으로부터 100년이란 세월을 보내고, 세상은 태평성대로 평민의 경제력도 몰라보게 발전했던 시대였다. 무사 정신은 희미해지고, 젊은이들은 이해타산에 눈이 멀어, '남이야 어찌 되든 나만 좋으면 된다'는 식의 사고방식이 만연했다.

"무사도武士道라 함은 죽는 일을 찾아내는 것이다."*라고 해서 츠네토모의 이미지는 왜곡되었지만, 그는 의외로 처세의 지혜에 뛰어난 인물이었다.

츠네토모는 머리가 좋고 일을 척척 해치우는 인간은 신뢰할 수 없다고 생각했다. 똑똑한 인간에게는 절대로 정치의 중추를 담당하는 일을 맡겨서는 안 된다. 머리가 좋은 것을 내세우는 사람은 반발을 사고 신뢰를 잃게 되어, 결국은 큰일을 할 수 없기 때문이다. 머리가 좋은 사람은 무슨 일이든 잘할 수 있다는 교만함 때문에, 힘든 일을 하려고 하지 않는다. 그보다는 오히려 좀 서툴지만 성실한 사람이 적격이다.

---

* 무사도는 죽음에 의미를 두는 것이며, 전쟁터에 나가 공을 세우는 것보다 주군을 위해 죽는 것을 더 으뜸으로 친다고 이야기했다.

그래서 츠네토모는 "똑똑한 사람일수록 불쾌감을 준다"라고 딱 잘라 말했던 것이다. 천재와 바보는 종이 한 장 차이라고 한다. 천재는 어느 한 분야에서만 천재이지, 다른 분야에서는 문외한이다. 츠네토모는 그렇게 생각했던 것이다.

작은 재능밖에 없으면서 태도는 불성실한, 현대의 껍데기 엘리트들이 꼭 들어야 할 이야기다.

평가는 자신이 아닌 다른 사람이 하는 것

"회사가 자신을 제대로 평가해 주지 않는다"며 불평하는 사람들을 자주 본다. 자신이 뛰어나다고 믿을 때 나올 수 있는 말이다. 그런데 스스로 자신을 평가한다는 것이 과연 적절한 것일까?

무인도에 혼자 사는 로빈슨 크루소라면 몰라도, 사회에서 함께 살아가는 이상 자신에 대한 평가는 언제나 타인이 하는 것이다. 예를 들면 회사에서는 상사가 부하를 평가한다. 법률사무소에서는 임원급이 젊은 변호사를 평가한다. 이는 사회의 기본 룰이다.

조직에서 평가의 권리는 상사에게 있으며, 자신은 평가의 대상일 뿐이다. 하지만 이 점을 착각하는 사람들이 많다.

이토우츄 상사의 니와 우이치로 회장은 젊은 시절을 이렇게 회상했다.

"어느 날, 과장님이 나를 부르시더니 이렇게 말씀하셨다. '너는 하나 착각하는 게 있다. 인간은 자신이 자신을 평가하는 것이 아니다. 다른 사람이 너를 평가하는 것이다. 너 자신이 아무리 잘하고 있다고 자부해도 다른 사람들이 저 자식은 안 돼, 라고 하면 그게 너에 대한 평가다. 오히려 자기 자신은 아직 멀었다고 생각해도 다른 사람이 잘한다고 말하면, 그게 너에 대한 평가가 된다.' 나는 그 순간 큰 충격을 받았다."

(아사히 신문 2005년 12월 4일자)

많은 사람들이 자신은 다른 사람의 평가와 상관없이 자기 나름대로의 가치가 있다고 생각한다. 그런 생각은 환상일 뿐이다. 유감이지만 비즈니스 사회에서는 타인과의 상호관계 속에서 가치의 유무를 판단한다.

자신이 '평가의 대상'이 된다는 것은 불쾌하기 짝이 없다. 하지만 조직 사회의 현실을 인정하지 않으면 이 세상에서 살아가기란 무척 힘들다. 우리는 다른 사람에게 있어서 스쳐 지나가는 길가의 돌과 같은 존재다.

일의 본질은 토요토미 히데요시의 조리(일본식 짚신)에 있다.[*]

능력 있는 자신이 이런 허드렛일이나 한다며 불평하는 것은 잘못된 생각이라고 해부학자 요로 타케시 교수[**]도 말하고 있다.

---

[*] 오다 노부나가를 주군으로 모시던 토요토미 히데요시는 그의 눈에 들기 위해 온갖 잔일을 도맡아 하면서 게 을리 하지 않는데, 추운 겨울날 오다 노부나가의 조리를 품속에 넣어 따뜻하게 한 다음 주군이 신을 수 있도록 내놓았다고 한다. 말단이었던 히데요시가 이 사건으로 노부나가의 눈에 들었고 이후 총애를 받았다 고 한다.

[**] 도쿄대 명예교수, 수필가. "정말로 좋아하는 것이라면 고생을 개의치 않는다. 이때의 고생은 고생이 아니 기 때문이다. 고생하기 싫다는 것은 결국 그만큼 좋아하지 않는 것이다."라는 것이 그의 의견이다.

받아들일 수 없었던
해임 통지

자신을 바라보는 또 한 사람의 자신을 '초자아'라고 한다. 이것을 이미 지화하는 것으로 자신을 보는 눈이 더 깊어진다.

젊을 때는 '스스로 생각하는 자신'과 '타인의 눈에 비친 자신'의 갭이 크다는 사실을 눈치 채지 못한다. 그것은 자신이야말로 이 세상의 유일한 존재라고 생각하기 때문이다. 하지만 50을 넘으면, 타인의 눈에 비치는 자신은 스스로 생각하는 자신과 완전히 다르다는 것을 알게 된다.

경험이 풍부한 경영자에게도 자신을 객관적으로 바라보는 일은 쉬운 일이 아니다.

나는 지금까지 200명 가까이 되는 임원 해고의 의뢰를 받아 왔다. 그 중에 반은 사내 파벌 싸움이나 임원 간의 의견 충돌이 원인이었고, 본인의 일하는 능력과는 직접적으로 관계가 없었다. 그 다음 30~40퍼센트는 리더십 결여, 거래처와의 마찰 등 본인의 능력 부족이 원인이었다.

어느 대기업의 판매 부문 담당 전무를 해임했을 때의 일이다.

그는 예순 가까이 되신 분으로, 전국 수십 개의 판매점을 총괄하며 성과도 올리고 있었다. 일류대학을 졸업하고 해외 경험도 많았다. 사람을 대할 때도 인자했고, 외부에서는 신사적인 경영자라 불렸다.

하지만 판매점의 평판이 좋지 않았다. "판매 현장을 전혀 모른다" "거만하다" "단골 업체와 유착 관계에 있다" 등 비난이 끊이지 않았다. 결국 판매점 대표가 전무를 다른 사람으로 바꿔 달라고 제의까지 하는 사태가 벌어졌다.

우여곡절 끝에 회사는 전무를 해임하기로 결정했다. 해임통지를 받은 날 밤, 그는 집으로 가는 도중에 JR역에서 정신착란을 일으켜 응급실로 실려가고 말았다.

전무가 판매점의 요구 사항이나 의견을 귀 기울여 들어주었다면 판매점이 들고 일어나지도 않았을 것이고, 해임까지 가지도 않았을 것이다. 성실하게 지방 판매점을 돌며 인간관계를 구축해 놓았더라면, 문제는 잠잠해졌을지도 모른다.

어느 누구도 본인이 자기중심적이고 이기적인 인간이라고는 생각하지 않는다. 오히려 자신은 타인을 배려하는 섬세한 인간이라고 생각한다. 그 전무도 그랬다. 그도 부하직원에게는 배려하고 신경 써주는 상사였다. 그러나 그는 예스맨을 좋아하고, 반대자를 멀리했다. 그 결과는 부메랑이 되어 돌아왔던 것이다.

머리가 좋지만 행복하지 못한 사람들이 많다. 머리가 좋은 사람은 인간관계에 있어 둔감하기 때문이다. 자신을 객관적으로 바라본다는 것은 결코 쉬운 일이 아니다.

5

공감은
논리력의 일부가 된다

◆
◆
◆

사람을 움직이는 것은 여름에 화로를 끌어안는 것과 같다

정서적 공감과
인지적 공감

　내 경험상 공감 능력의 유무에 따라 비즈니스맨에게는 3가지 타입이
있다.

　① 타인에게 거의 공감하지 못하는 타입
일을 쉽게 확신하는 타입이나, 타인의 의견을 처음부터 부정하는 타입
이다. 타인에게 공감하지 못하는 불감증 타입.
　② 타인에게 공감은 하지만, 본인이 옳다고 생각하는 타입
상대의 말을 들어주기는 하지만, 상대의 생각까지 인정하지는 않는다.
일단 들어주기는 하기 때문에 불감증 타입보다는 조금은 나은 편이다.
　③ 타인에게 공감도 하고, 상대를 이해하려고 노력하는 타입
한 발짝 다가가 상대의 입장을 이해하려고 노력한다. 교섭이나 분쟁을
원만하게 처리, 해결할 수 있는 타입이다.

　공감 능력이 없다면 타인을 이해할 수도 없고, 타인의 행동이나 반응
을 예측할 수도 없다. 타인의 감정을 이해하지 못하는 껍데기 엘리트들
이 사회에 적응하지 못하는 예를 보면, 공감이 얼마나 중요한지 알 수
있다.
　사회심리학자 야마기시 토시오에 의하면, 공감에는 '정서적情緖的 공

감'과 '인지적認知的 공감'의 두 종류가 있다고 한다. 여기서는 야마기시의 학설을 참고로, 정서적 공감은 '타인의 아픔을 자신의 아픔으로 느끼고 타인의 기쁨을 자신의 기쁨으로 느끼는 능력'으로, 인지적 공감은 '자신이 끌어안고 있는 문제를 해결하기 위해 필요한 한도 내에서 타인의 입장에 공감하는 능력'의 의미로 사용한다.

비즈니스에서는 적어도 타인의 입장에서 문제를 보는 '인지적 공감 능력'이 필요하다. 정서적 공감 능력이 지나치면 상대의 아픔을 그대로 느껴, 때로는 사기를 당하거나 이용당할 수 있는 측면도 있다. 그러나 어느 정도의 정서적 공감은 비즈니스에서도 유익하다. 혼다기켄 공업의 창업자 혼다 소이치로는 완전히 타인의 입장에 공감한 나머지 자신이 고민에 빠져버렸다고 하니, 실로 정서적 공감력이 풍부했던 사람인 것 같다.

타인의 입장에서 공감할 수 있는 사람이 장기적으로 보면 일을 성공시킨다. 자신의 일에만 관심이 있고 타인의 일에는 관심이 없는 사람도, 단기적으로는 성공하기도 한다. 하지만 시간이 빠르고 늦음은 있을지언정 반드시 힘든 인생길을 걸어가고 만다.

공감 능력은
리더의 자질

인지적 공감 능력은 협상에 있어서나 리더로서도 중요한 자질이다.

이게 없으면 분쟁 해결의 실마리를 찾지 못하고, 리더는 독재자가 된다. 인지적 공감 능력이 결여된 사람은 평범한 리더는 될 수 있어도 진정한 톱top은 될 수 없다.

부하의 감정을 무시하고 강제로 일을 진행시키는 리더를 리더십이 있다고 오해하는 사람들을 자주 본다. 우리는 통솔력을 완력이나 대담성으로 착각하지만, 오히려 리더십의 근본은 타인에 대한 섬세한 공감 능력이다. 혼다 소이치로가 좋은 예라고 할 수 있다.

"혼다가 강한 리더십을 발휘할 수 있었던 것은 부하직원의 심정을 이해하고, 공유하고, 신뢰감을 주었기 때문이다. 혼다는 대인배적인 성품이 강하고 도량이 넓게만 보이지만, 상대방을 치밀할 정도로 배려했다. 지금도 혼다가 가진 DNA의 뿌리는 다른 사람의 마음을 이해하는 것, 상대방에 대한 배려심이다."

(노나카 이쿠지로, 니혼게이자이 신문 2006년 1월 31일자)

"사람을 움직일 수 있는 사람은 타인의 입장에서 생각할 수 있는 사람이다. 상대가 소수이든 다수이든, 그 사람들의 입장에서 생각하는 사람이 아니면 안 된다. 다른 사람 입장에서 생각한다고 하는 것은 자신의 일처럼 고민하고 고뇌하는 것이다. 내 일처럼 스스로 고민하고 고뇌하지 않는 사람은 사람을 움직일 수가 없다. 나는 그렇게 생각하며 살아왔다."

(『내 손이 말한다』 혼다 소이치로 지음)

공감 능력이 없는 리더에게 일시적으로 사람들이 따를 수는 있지만, 결국 점점 신뢰를 잃고 사람들이 떠나간다. 독재자의 최후를 생각해 보자. 중간관리직도 부하에 대한 공감 능력이 결여되면, 일이 원만하게 진행되지 않는다.

눈부신 성과는 올리지 못하더라도 "저 사람한테 맡기면 왠지 일이 꼬이지 않고 순조롭게 진행된다."라고 인정받는 사람을 보면, 인지적 공감 능력이 뛰어난 사람들이다. 매스 미디어에 나오지 않아도 수백 명의 부하를 움직이고, 중소기업을 안정적으로 오랫동안 경영하고 있는 사람은 공감 능력을 갖춘 리더들이다.

사람을 움직이려면
엄청난 인내가 필요하다

쿠로다 요시타카(통칭 쿠로다 칸베에)라고 하면, 전국 시대부터 아즈치 모모야마 시대를 살았던 명장名將이다. 부하를 다스리는 재능이 뛰어나 쿠로다 요시타카를 따르는 신하들은 그 수가 엄청났다고 한다.

요시타카가 27세 때 집안의 대를 이어 히메지 성주가 된다. 처음에는 오다 노부나가 밑으로 들어가지만, 나중에 토요토미 히데요시의 군사 책사로 톳토리성의 식량 보급로를 끊어 적을 항복시켰다. 타카마츠성의 식수 공급로를 차단해 항복시켰고, 모우리와의 화해에서도 공적을 세웠다.

임기응변이 너무도 뛰어나 히데요시는 그의 재능을 두려워한 나머지, 오히려 냉대했다고 한다.

일반적으로 영주나 성주라고 하면, 부하의 목숨을 마음대로 할 수 있다고 생각하기 쉽다. 하지만 사실은 그렇지 않다. 난폭한 성주는 경우에 따라서는 옥살이를 하기도 하고, 독살을 당하기도 했다.

에도 시대 때도 그러했으니, 하물며 하극상(계급이나 신분이 낮은 사람이 규율이나 예의를 무시하고 윗사람을 꺾고 오르는 일이 빈번했다)이었던 전국 시대에는 마음대로 부하를 다룰 수 없었을 것이다. "부하를 슬기롭게 다룬다는 것은 한여름에 화로를 끌어안는 것이다."라고 요시타카는 아들 나가마사에게 이야기했다고 한다.

"나이 30을 넘어 실감하는 일이지만, 무사를 다루는 데는 요령이 있다. 한여름에 화로를 끌어안는 것 같이, 가뭄에 우산을 찾는 것 같이 쓸데없는 짓을 한다고 생각할 정도의 인내가 필요하다. 그렇게 하지 않으면 부하는 나를 따르지 않는다."

(『무사도 사무라이 정신의 언어』 카사야카 즈히코 감수)

화로라고 하는 것은 큰 용기에 재를 넣고 안에 숯불을 피워 손발을 따뜻하게 녹이거나 방안의 온기를 높이기도 하고, 물을 끓이는 데 사용하는 난방기구다. 그런 화로를 여름에 끌어안는다고 하니 엄청난 인내가 필요할 것이다.

요시타카는 30세에 인내의 중요함을 깨달았다고 하니, 전국 시대의 인간관계가 얼마나 치열했는지 짐작이 간다. 요시타카는 부하가 어떤 문제를 일으키면 우선 승격을 시키거나 금은金銀이나 옷을 선물한 다음, 며칠이 지나고 나서야 주의를 주었다고 한다.

그렇게까지 할 필요가 있을까 하는 생각도 들지만, 그 정도로 인간관계가 어렵다는 뜻일 것이다.

제5장

불운에 대해 합리적으로
준비하라

'설마'를 대비하라

1

무슨 일이 일어날지
알 수 없다면

◆
◆
◆

인과관계는 사람의 지혜를 넘어선다

인생과
나비효과의 가설

'오늘 베이징에서 나비가 날갯짓을 하면 다음 달 뉴욕에서 폭풍우가 칠까?'

이것은 미국 매사추세츠 공과대학의 기상학자 에드워드 로렌츠가 가진 의문이었다.

베이징에서 나비가 날갯짓을 할 때 일으키는 작은 기류의 변화가 시간과 공간의 거리를 두고, 다음 달 뉴욕에서 폭풍우를 일으킬지도 모른다. '설마'라고 생각할 만한 가설이지만 터무니없는 가설은 아니다. 우리는 폭풍우나 회오리바람이 어떻게 발생을 하고 발달하는지, 마이크로 레벨로는 아무것도 알 수가 없다.

1961년 로렌츠는 진공관식 컴퓨터로 기상 시뮬레이션을 하고 있었다. 기상 상태를 12개의 변수로 나타내는 연구였다.

어느 날 계산 결과를 검산하기 위해 입력을 하고 커피를 마시러 나갔다가 1시간 후에 돌아왔다. 하지만 그 사이에 컴퓨터는 첫 번째와는 완전히 다른 계산치를 나타내고 있었다. 첫 번째는 0.506127로 입력했던 것을 재입력할 때, 무심코 끝의 세 자리를 입력하지 않고 0.506만 입력했던 것이다. 그 작은 차이가 계산 과정에서 급격히 확대되어, 완전히 다른 계산치로 둔갑해 버린 것이다.

로렌츠 이전에도 이와 같은 일은 있었을 수도 있다. 하지만 다른 사람은 컴퓨터의 실수라며 그냥 지나쳤을 것이다. 하지만 로렌츠는 '결과값이 초기값에 대해 예민하게 의존한다'는 사실을 눈치 챈 것이다. 초기 조건의 미세한 차이가 시간과 함께 확대되어 결과에 큰 차이를 일으킨다. 이것이 나비효과의 가설이다.

나비효과를 발견하게 된 동기는 4천분의 1의 오차였다. 마이크로micro 현상은 매크로macro 현상에 복잡하게 관련돼 있다. 세상의 모든 존재는 시간, 공간, 거리를 두고 서로 연결돼 있는지도 모를 일이다. 이 가설의 사정 범위는 광범위하다.

인과因果의 흐름은 일회적, 개별적, 특수적이다. 그러나 연못에 돌멩이를 던졌을 때처럼, 인과의 파문은 강하게 퍼져간다. 나비효과의 가설처럼 마이크로의 미세한 차이가 완전히 다른 결과를 초래하는 것이다.

이처럼 우리의 일상도 마찬가지로, 행동 하나하나가 쌓여서 급기야는 예상 밖의 큰 차이를 초래한다. 인생에 있어 크나큰 차이를 만드는 것은 결국 일상의 작은 행동인 것이다.

인간의 상식으로는
인과관계를 포착할 수 없다

1960년 5월 24일 새벽. 아무런 예고도 없이 높이 5미터가 넘는 큰 쓰나미가 삼륙지방(미야기현, 이와테현, 아오모리현)을 덮쳤다. 사망자와 행방불

명자를 합쳐 139명의 참사였다. 이 지역 해안에서는 메이지(메이지 천황 시대의 연호, 1867~1912)와 쇼와(히로히토 천황 시대의 연호, 1926~1989) 초기에 큰 쓰나미를 경험했지만, 대부분은 지진이 일어난 후에 이어지는 쓰나미였다. 하지만 이때의 쓰나미는 지진 뒤에 일어나는 것이 아닌 불시에 찾아온 기습적 쓰나미였다. 하루 전날인 5월 23일, 지구의 저편 칠레에서 관측사상 최대 진도인 9.5의 지진이 발생했다. 칠레에서 지진이 일어났는데 1만 8천 킬로미터나 멀리 떨어진 일본의 삼륙지방으로 건너와, 하루 뒤인 5월 24일 큰 쓰나미를 일으킨 것이다.

그 당시는 설마 남미의 칠레 앞바다에서 일어난 지진이 일본에 큰 쓰나미를 초래했다고는 상상도 하지 못했다. 자연계의 인과관계는 인간의 상식을 훨씬 뛰어넘는다.

사람 몸 속에서 진행되는 암 발생 과정도 인간의 상상을 초월한다.

확실한 근거가 있는 것은 아니지만 종래 암은 3~4년에 걸쳐 진행된다고 알려져 있었다. 하지만 최근에 그것은 잘못된 사실이었음이 밝혀졌다. 육안으로는 확인할 수 없는 작은 암이 10년, 20년의 세월을 거쳐 천천히 성장해 1센티미터의 크기가 된다고 한다. 암은 1센티미터를 넘으면 전이율이 급속히 높아지고, 3센티미터를 넘으면 증식이 빨라져 직경 10센티미터, 무게 1킬로그램까지 커지면 죽음에 이른다고 한다.

암세포가 발생해 말기 암이 되기까지는 20년에서 30년이라는 세월을 거치는 것이다. 암은 하루아침에 생기는 것이 아니고, 믿기 어려울 만큼 길고 복잡한 과정을 거쳐 말기에 다다르는 것이다. 발암 과정을 좀처럼 밝혀낼 수 없었던 것도 무리는 아니다.

암은 발생하는 부위, 증식 과정, 악성의 정도, 증식 속도가 사람에 따라 완전히 다르다. 발암의 인과관계는 너무도 복잡하다. 식사, 운동, 생활습관, 식품에 포함된 농약, 대기오염, 담배, 영양섭취 등 원인은 정말로 다양해서 한마디로는 설명이 불가능하다.

이처럼 인과관계란 너무도 정밀해서, 미래를 예측하는 것은 거의 불가능하다. 늘 예상할 수 없는 일이 벌어지고, 우리의 삶은 우연에 의해 지배당한다. 탄생부터 가족 구성, 자라난 환경, 입학, 취직, 결혼 등도 우연의 요소에 의해 좌우된다. 취직도 내 생각대로는 되지 않으며, 결혼도 필연에 의해 상대와 맺어지는 것은 아니다. 세상일은 복잡하게 인과관계가 얽혀 있기 때문에 단순하게 판단하거나 생각할 수가 없다. 그런데도 우리는 인과관계를 너무도 간단히 대충 유추해 버린다.

우리의 생각은 소금쟁이처럼 수면 위를 건성건성 왔다 갔다 할 뿐이다. 물밑에 존재하는 인과관계의 정밀함을 도저히 알 도리가 없는 것이다. 우리의 감각기관은 세상의 이치를 알기에는 너무도 허술하다.

세상은 합리적인 곳이 아니다

거의 대부분의 사람들은 '설마 그런 일이 생기겠어?' 하는 상황을 염두해 두지 않는다. 이것은 어쩌면 당연한 일일지 모른다. '설마'란 예기치 못한 가정을 말하는 것인데, 예상치 못했던 일이 일어나리라고 예상한다는 것 자체가 모순이기 때문이다. 생각할 수 없는 일을 생각하는 것은 이치에 맞지 않는다.

하지만 세상일을 주의 깊게 관찰하면, '설마'라고 생각했던 만일의 경우는 자주 일어난다는 사실을 알 수 있다. 하루의 일정을 세웠어도 생각지도 못했던 지인의 방문이나 긴급을 요하는 메일, 거래처 중역의 장례식 등으로 일정이 바뀔 때가 종종 있다. 세상일은 정말 복잡하게 얽혀 있다. 인생은 수백만 개의 퍼즐 문제를 풀어가는 과정과 같다.

포스트모더니즘의 신예, 미국의 작가 폴 오스터는 "세상은 우연에 의해 모든 것이 뒤집어지는 세계"라고 말한다.

"주변을 관찰력 있게 보면, 현실에는 늘 예기치 못한 일이 일어난다는 사실을 알 수 있다. 그런 일이 너무나 빈번하게 일어나서 그 의미를 알 수는 없지만, 예상치 못한 돌발 상황은 끊임없이 일어난다. 이 세상은 반드시 합리적인 곳만은 아니어서 질서정연하게 움직이는 것만은 아니다. 우리는 이 점을 깨닫지 않으면 안 된다."

(아사히 신문 1996년 5월 15일자)

한여름에 부모가 주차장에 차를 세우고 갓난아이를 차 안에 방치한 채 볼일을 보다가 아이를 죽음에 이르게 하는 사건이 끊이질 않는다. 작고 폐쇄된 공간의 온도는 급격히 상승해 40도 가까이까지 올라간다고 한다. 에어컨을 틀어두면 문제가 없을 것 같지만 그렇지 않은가 보다. 강한 햇빛에 노출되지 않더라도 이런 일이 일어난다고 하니 '잠깐이니까 괜찮겠지?'라는 생각은 위험하다.

행동에는 반드시 '설마'에 대비하는 마음이 중요하다. 무슨 일이든 괜찮겠지 하고 생각하기보다 '무슨 일이 일어날지 모른다'고 생각하는 쪽이 합리적이다. 현실은 늘 예상외 상황이 벌어지기 때문에 우연을 대비하는 것과 그렇지 않은 것은 확연히 다르다.

2

그렇지 않을지도 모른다는
유연함

◆
:
◆

'설마' 하는 일은 가끔이 아니라 빈번히 일어난다

운명이란 놈의
생각을 알 수 없다

내가 '설마'의 의미를 깨달은 것은 40대 중반쯤, 법률사무소 경영에 참고하기 위해 의뢰인이 찾아오는 경위를 분석했을 때다.

20년 전 독일의 D사가 처음 의뢰인이 되었던 경위를 되짚어봤다. 그 것은 아주 사소한 우연의 연속이었음을 깨달았다. 우연의 연속을 순서대로 밟아보면 이렇다.

D사가 상담하러 왔던 계기는 컨설턴트 회사 마킨제가 주최하는 세미나에서 스피치할 기회가 있었을 때였다. 그 자리에 D사의 독일인 사장이 참석했던 것이다. 이 세미나에서 내가 스피치를 하게 된 계기는 일본 마킨제 CEO였던 O씨의 소개였다.

O씨를 알게 된 것은, 이전에 뉴욕의 G변호사가 일본에 왔을 때 함께 식사를 했기 때문이었다. G변호사를 알게 된 것은, 이전에 그가 일본에서 미국 고용평등법 스피치를 했을 때 내가 코디네이터를 맡았기 때문이었다. 코디네이터를 맡게 된 계기는 S연구회로부터 의뢰를 받았기 때문이다. S연구회는 친구 H변호사의 소개였다.

이것을 시간 순서대로 정리하면 'H변호사 → S연구회 → G변호사 → O씨 → 독일인 사장'으로 이어진다. H변호사에서 독일인 사장으로 이어지기까지 5년이라는 세월이 경과했다. 결국은 우연의 연속이었던 것이다.

코디네이터나 스피치를 하게 되었던 계기는 그 당시 법률사무소를 개업한 지 얼마 안 돼서 별로 일도 없고 한가해서였다. 그 당시는 '설마' 일로 연결되리라고는 상상도 못했다.

D사 뿐만 아니라 그 밖의 의뢰인도 거의 이런 우연의 인맥이었다. 광고 효과가 아니었다. 새로운 의뢰인이 예상도 못했던 루트로 오게 된 사실을 알고, 나는 원인과 결과의 정밀함을 다시 한 번 깨달았다.

독자 여러분도 과거를 돌아보면, 생각지도 못했던 수많은 작은 만남이나 우연이 쌓여 현재의 자신이 존재한다는 사실을 알게 될 것이다. 친구와의 만남, 취직, 결혼 등에서도 인간의 힘을 초월하는 우연이 작용하고 있다.

운명이 무슨 생각을 하고 있는지는 아무도 알 수 없다. "어떤 순간에 얼굴을 내밀지 알 수 없는 일"이라고 마키아벨리도 말한 바 있다.

프로는
헛수고로 끝날 일도 대비한다

변호사 일을 하면서도 '설마'를 자주 경험한다. 예상과는 반대로 상황이 급변하는 일이 자주 발생한다. 생각지도 못했던 증인의 배신, 상대측 변호사의 반대증거 제출 등 미래는 어떤 역전이 기다리고 있을지 미지수다. 재판에서도 우연, 즉 만일의 경우에 대비하는 자세는 아주 중요하다.

예를 들어 '매매계약서'라는 절대적 증거가 있으니까 당연히 승소할 것이라 생각하고 있었는데, 재판이 진행됨에 따라 생각지도 못했던 '변경서'를 상대편이 제출하는 사건이 발생한다.

"계약 체결 후 변경된 사항은 없다."고 분명히 의뢰인은 말했고 확인까지 받았는데도 말이다. 실은 담당자가 회사를 그만두고 나서 변경서가 파일에 남아 있지 않아 몰랐던 것이다. 계약 후에 변경이 되었다면, 지금까지의 우리 주장은 의미가 없어진다.

처음에는 우리 측 증인이었던 사람이 2년 후 열린 증인심문에서는 생각지도 못하게 상대편 증인이 되기도 한다. 그는 의과대학 명예교수였기에 추호의 의심도 없었는데, 아마도 상대편 변호사로부터 약점을 추궁당했거나 큰 이익 제의에 넘어간 듯하다.

축구 시합과 마찬가지로 당연히 이길 거라고 긴장을 푼 순간, 생각지도 못했던 '설마'가 사람 잡는 사태가 벌어진다. 비즈니스도 재판도 여러 수를 생각하지 않으면 안 되는 것 같다.

변호사의 경우, 가장 힘든 돌발적 상황은 상대편 증인의 위증이다.

상대편 증인이 위증을 할지도 모른다는 가정 하에 사전에 대책을 세워두는 것과 그렇지 않은 것의 결과는 확연히 다르다. 평소 우리들은 무심코 지나치지만, 인간의 마음속에는 악마가 숨어 있다. 평소에는 조용히 있다가도 여차하는 순간에 고개를 내밀고 거짓말을 한다. 3천만 원의 싸움에서도 위증을 한다. 이게 3억 원이 되고 30억 원이 되면 대부분의 사람들은 눈이 뒤집힌다. 금액이 커지면 커질수록 인간은 욕심에 눈이 먼다. 억지주장을 하고 자기한테 유리한 쪽으로 사실을 왜곡하기도 한다. 그렇기 때문에 상대편 증인이 우리 쪽이 준비한 증거를 뒤집는 증언을 할지도 모른다는 가정 하에, 위증을 증명할 수 있는 준비를 철저히 해두어야 한다.

예를 들어 우리 쪽 증인이 "상대와 오후 5시부터 패밀리 레스토랑에서 만났다."고 할 경우 그때 받았던 영수증, 영업시간 확인, 이야기한 내용, 사내 보고서, 상대와 주고받은 메일 내용 등을 사전에 준비해 둔다. 만약 상대편이 그날 만난 사실을 부정하면, 준비한 증거를 제출해 상대의 위증을 증명한다.

이처럼 위증을 예측해 대책을 세운 사람과 아무런 대책도 세우지 않은 사람은 결과가 확연히 달라진다. 상대편 증인이 위증하지 않는다면 다행일 테고, 혹시 위증을 한다면 준비한 자료가 효과를 발휘할 것이다.

만일을 위해 준비했던 자료는 만일의 경우가 일어나지 않는다면, 괜한 헛수고가 될 수도 있다. 하지만 만일의 경우가 일어났을 경우, 준비되어 있지 않아 그대로 당하는 것보다 낫다. 그래서 프로는 헛수고로 끝날 수도 있는 일을, 만일의 경우에 대비해 철두철미하게 준비한다. 이러한 노력이 쌓여 돌발적인 상황에서도 유연하게 대처할 수 있게 되는 것이다.

'설마'를 대비하라

물론 이론상으로는
이길 수 있겠지만

증인이 신뢰할 수 있는 사람인지, 그렇지 않은지의 판단은 쉽지 않다.

개인적으로 당사자들끼리 만나서 이야기할 때는 폭언과 욕설을 마구 퍼붓던 인간이, 법원에서 증언할 때는 단정한 차림으로 마치 성실하고 예의 바른 사람처럼 가장해 증언을 한다.

판사가 겨우 한두 시간 증언을 듣고 증인이 어떤 사람인지 판단하는 데는 한계가 있다. 아무리 우수한 판사라 하더라도 쉬운 일은 아니다. 실제 사회에서 삶을 경험한 판사는 소수이고, 사법연수가 끝나자마자 바로 부임한 판사가 압도적으로 많다. 재판을 통해 사회를 간접체험은 하고 있지만, 사회의 밑바닥 경험은 거의 없다. 따라서 예외적 상황이나 비정상적 사태, 돌발적 상황이 실제 사회에서는 빈번하게 일어난다는 사실을 이해하기 어렵다.

일반적으로 어떤 조직이든 하위 20퍼센트는 평균 이하로밖에는 일을 못하는 부류이다. 판사도 예외는 아니다. 수준 이하의 판사를 만나면, 상상도 할 수 없는 판결이 떨어진다. 본인에게 유리한 판결을 내릴 수 있도록 판사를 설득한다는 것은 의외로 쉬운 일이 아니다.

하지만 경험이 별로 없는 변호사는 이론적 지식만으로 "이 재판은 반드시 이길 수 있다."고 호언장담한다. 하루 강아지 범 무서운 줄 모른다고, 재판의 무서움을 아직 모르고 있다.

이런 타입의 변호사는 자신감에 사로잡혀 '그렇지 않을 수도 있다'는 가정 하에 유연하게 대처하는 법을 모른다. 판사가 이쪽의 주장을 재삼 확인하는 등 신호를 보내고 있는데도, 끝까지 눈치를 채지 못한다. 이렇게 해서 자신이 옳다고 생각했던 재판이 상상도 할 수 없는 방향으로 역전돼 간다. 이론으로는 당연히 이길 수 있는 재판도 돌발적 상황에 철저히 대비해 대책을 생각해 두지 않으면 안 된다.

이길 수 있는 재판이었는데 졌다든가, 반대로 질 수밖에 없는 재판이었는데 이겼다든가, 예상외의 판결이 나는 경우도 10~20퍼센트 정도는 어쩔 수 없이 존재하는 것 같다. 판사의 자질, 판단 능력, 경험 등은 내가 지배할 수 있는 사항이 아니기 때문이다.

그래서 나는 법원에서 타협을 하자고 연락이 오면, 이길 수 있는 재판이라 해도 어쩔 수 없는 10~20퍼센트의 판결이 날 수 있다는 가정 하에 딱 잘라 거절하지 않고 일단은 만나본다.

비공식적인 자리이므로 판사와 마음속 이야기도 오갈 수 있고, 판사의 사람 됨됨이도 알아볼 수 있는 기회가 된다.

또 법정에서는 제출할 수 없는 분쟁의 배경 설명도 가능하다. 상대가 말도 안 되는 손해배상을 요구해 올 때는, 인간성에 문제가 있다는 식으로 나쁘게 인식시킨다. 재판에서는 증거 자료를 제출해야 하지만, 비공식적 자리에서는 증거 자료를 제출할 필요가 없기 때문에 이런 이야기도 가능하다.

이런 자리는 음으로 양으로 판사의 판단에 영향을 준다고 나는 생각한다. 이런 비공식적인 자리에도 아무 생각 없이 나가서는 안 된다. 재판에서 본인에게 유리한 쪽으로 끌고 가기 위해 철저히 준비하는 과정이 필요하다.

5장 불운에 대해 합리적으로 준비하라

3

용의주도한 사람과
둔한 사람

◆
◆
◆

우연이 일어났을 때 결과는 달라진다

예상치 못한 우연을
다스리려면

영어로 'contingency'라는 말이 있다. 우연성, 우발, 불확실, 불의의 사고, 돌발적 상황, 뜻밖의 일 등으로 해석된다. 평상시는 생각도 할 수 없는 '설마'라고 하는 뜻밖의 일이 발생하는 것이다.

전투에서는 언제 예상할 수 없는 사태에 직면할지 알 수 없다. 돌발적인 상황과 접했을 때, 평소 훈련에서는 배우지도 연습하지도 않았기 때문에 독자적으로 판단하지 않으면 안 된다. 그렇기 때문에 contingency의 가능성을 작전 속에 포함시킬 필요가 있다.

일본군은 이러한 '우연에 대처하는 발상'이 너무도 희박했다. 육·해군 모두 암기와 기억력을 중심으로 한 교육 시스템을 채택했기 때문에 일어난 폐해였다.

지식만을 과대평가하고 현실에 대응하는 능력을 과소평가하는 것은 일본군뿐만 아니라 우리들 개개인도 마찬가지다. 일반적으로 우리는 우발적인 사태가 일어날 수도 있다는 가능성을 거의 고려하지 않는다. 현재의 연장선상에서 미래를 단순하게 예측했다가 불의의 사고나 생각지도 못했던 일이 터지면 우왕좌왕 당황할 뿐 적절히 대처하지 못한다.

원인과 결과의 과정은 복잡하게 얽혀 있다. 이 세상은 도깨비 방망이만 휘두르면 내가 원하는 대로 척척 이루어지는 그런 세상이 아니다. 우발적 사고는 늘 뒤따른다. 이 사실을 숙지하지 않으면 현실에 잘 적응할 수 없어 늘 고통이 따른다. 뭔가를 준비하고 계획할 때는, 생각지도 못했던 우연이 반드시 일어난다는 사실을 반드시 계산속에 넣어야만 한다.

우발적 사태까지 고려해 준비한 사람과 대박 신드롬만 꿈꾸며 준비한 사람을 비교하면, 전자 쪽이 대처 능력이 강할 수밖에 없다. 물론 '설마'의 사태를 구체적으로 정확히 예측할 수는 없다. 하지만 여러 가능성을 생각해 볼 수는 있다.

그런데 인간의 지혜도 과학도 한계가 있다. 이러한 명백한 사실을 잊어버리고 마치 미래를 예측할 수 있다든지, 삶을 컨트롤할 수 있다고 착각하는 것은 환상에 지나지 않는다. 그렇기 때문에 가능한 만큼의 정보를 수집하고 손을 쓰겠지만, 그래도 예측하지 못했던 일은 일어날 수 있다는 사실을 염두에 둬야 한다. 구체적으로 무슨 일이 일어날지는 예측 불가능하지만 우발적 사고는 언제든지 일어날 수 있다고 생각하는 마음가짐이 있으면, 돌발적 상황에 더 유연하게 대처할 수 있다. 인간의 지혜를 뛰어넘는 '설마'에 대비해 이중 삼중의 대책에 게을리해서는 안 된다.

하지만 인간은 불조심을 외치며 마을을 도는 할아버지보다, 화재 현장에서 활약하는 소방대원에게 고마워한다. 사고를 예방할 수 있도록 조언하는 사람보다, 사고가 일어난 다음에 처리해 준 사람에게 돈을 지불하고 싶어 한다. 병원이나 법률사무소가 우후죽순으로 많은 이유는 이런 사람들이 많기 때문이다.

'설마'를 대비하라

이중 삼중으로
대처하는 법

　30년, 40년, 비즈니스 세계에서 살아가다 보면 철저한 준비가 얼마나 중요한지 몸소 깨닫게 된다.

　의뢰인으로부터 "누구누구를 해고하고 싶다"는 의뢰를 받으면, 만일의 경우를 생각해 일어날 수 있는 리스크를 가능한 한 전부 이야기한다. 문제사원을 해고하는 경우에도, 해고 권리의 남용을 이유로 소송을 제기할 수 있다. 예를 들어 5퍼센트라도 그럴 수 있는 가능성이 있다면, 미리 말을 해둔다. 이런 만일의 경우를 사전에 말해두지 않으면, "상담할 때 고소당할 수도 있다는 말은 하지 않았잖느냐"며 변호사의 책임으로 돌릴 수 있다.

　재판에서 질 수도 있다는 리스크와 분쟁에 말려들 수도 있다는 리스크는 별개의 문제이다. 문제사원이라 해도 해고시킨 회사를 상대로 소송을 제기하는 것은 그 사람 자유다. 다만 소송을 제기해도 문제사원이 재판에서 이길 수는 없다. 사실 변호사는 사건을 처리해 주는 사람이지, 예방해 주는 사람은 아니다.

　내가 고문으로 있는 외국계 기업으로부터 "은행에서 스카우트해 온 상무이사를 해고하고 싶다."는 의뢰가 왔다. 외국계 기업이 일본 기업에서 임원을 데려올 때, 보통은 5~6년간의 지위를 보장하겠다는 약속을 한다. 나는 이 점에 대해 확인하기 위해 부사장에게 질문했다. 그는 "내가 상무를 채용한 본인이다. 문제될 것은 없다. 그런 약속은 일절 하지 않았다."고 단언했다. 하지만 나는 그래도 만일의 경우를 생각해, 기회가 있을 때마다 몇 번이나 약속의 유무를 확인했다.

시중 은행에서 임원을 역임했던 인물을 모셔오는데, 지위 보증을 하지 않는다는 자체가 이례적인 일이다. 나는 60대 후반인 부사장의 기억을 믿을 수가 없었다. 하지만 물어볼 때마다 부사장은 "괜찮다"고 말했다. 결국 부사장의 지시대로 상무를 해임했다.

하지만 나중에 상무의 지위를 6년간 보증한다는 계약서를 상대편 변호사가 제출하는 사태가 벌어졌다. 거기서 게임은 끝났다. 다행히 나는 보증계약서에 대해 수차례 확인을 했기 때문에, 회사도 고문 변호사인 나의 책임으로 돌리지는 않았다.

이 사건도 만일의 경우에 대비하지 않았다면, 고문 변호사인 내 신변이 위태로워졌을 것이다.

변호사뿐만 아니라 어떤 직업을 막론하고 만일의 경우에 대비해 두지 않으면, 돌발적인 상황에 적절히 대처하지 못하고 무너져 버린다.

'설마'의 확률은
30퍼센트

그렇다면 '설마'를 어느 정도의 확률로 생각하면 좋을까?

나에게는 거기에 관한 데이터도 없고, 또 조사를 한다고 해도 정답이 있을 거라고는 기대하지 않는다. 결국은 지금까지의 경험칙으로 정할 수밖에 없다.

내 경험상 일반적으로 30퍼센트 정도는 우연이 개입할 가능성을 생각해 두는 것이 적당하다고 생각한다. 문제없이 잘 풀릴 거라고 예상되는 일도 30퍼센트의 '설마'가 개입되어 일이 꼬일 가능성도 있다고 생각하는 게 좋다. 우연이 계산에 들어 있지 않은 예측은 빗나갈 가능성 또한 크다. 종래의 논리적 사고나 합리적 사고는 이런 점에서 결정적으로 취약하기 때문에, 실무에서 실패하는 경우가 많다.

하지만 30퍼센트의 우연을 계산에 넣는 일에 어떤 의미가 있는 것일까? 그것은 현실을 보다 정확하게 파악할 수 있다는 점에서 의미가 있다. 아무리 옳은 판단을 했다고 해도 우연이 개입할 여지가 30퍼센트는 있다는 사실을 알고 있는 것만으로도, 우리는 대담해질 수가 있다.

지금까지 이야기한 30퍼센트의 우연이 발생할 가능성은 1~2년 내, 길게 보더라도 3년 이내의 확률이다.

먼 미래라면 거의 대부분이 우연에 의해 좌우된다. 5년, 10년 후라면 우연이 개입할 확률은 더욱 커진다. 5년, 10년의 먼 미래라면 우연의 가능성은 70퍼센트 정도로 본다.

정리하면 우연의 개입 가능성은 가까운 미래라면 30퍼센트, 먼 미래라면 70퍼센트 정도라고 생각하면 무난하다. 이것이 내 체험에서 얻은 교훈이다.

5장 불운에 대해 합리적으로 준비하라

그럴 수도 있고
그렇지 않을 수도 있다

금융공학에서는 '리얼 옵션'이라고 하는 사업평가 방법이 있다고 한다. 처음에 정한 방침을 끝까지 고수하는 것이 아니고, 계획을 할 때 예상 밖의 사태가 일어날 수 있다는 것을 고려해, 첫 번째 일이 끝나면 두 번째 일을 계획대로 진행할 것인지, 변경해서 진행할 것인지 판단하는 방법이다. '설마'가 일어날 가능성을 미리 생각해 한 단계 한 단계 평가 기준을 정해놓고, 그 기준을 달성하지 못했을 경우에는 방향을 바꿔 버리는 방법이다. '우연'을 사업 계획에 집어넣어 상황 변화에 따라 계속할지 접을지 결정하는 것이다.

일단 정하면 되돌릴 수 없는 의사결정은 가능한 한 나중으로 미루는 것이 현명하다. 결정할 수 있는 시간적 여유가 있다면, 더 많은 정보를 입수해 더 나은 결정을 할 수 있기 때문이다. 그러나 많은 사람들이 애매한 단계에서 결정해 버리고, 일단 결정하면 무조건 달려간다. 엄청난 스피드로 달리기 때문에 달리는 도중에 더 좋은 방법이 있어도 되돌리기는 쉽지 않다.

현실은 우리가 느끼고 있는 것보다도 훨씬 더 복잡하다. 문제가 양자택일 식으로 쉽게 결정될 만큼 현실은 단순하지 않다. 노No의 가능성을 배제한 채, 예스Yes라고 판단해 일을 진행했다가 예상 밖으로 노No의 사태가 벌어질 수도 있고, 예스Yes의 가능성도 있는데 처음부터 노No라고 판단해 포기할 수도 있다.

그러므로 '그럴 수도 있고, 그렇지 않을 수도 있다'는 가정하에 준비를 하는 쪽이 현명하다.

상황에 따라
방법도 바뀐다

야구에서는 잘못 던진 공 하나 때문에 완전히 역전될 가능성이 있다. 감독은 궁지에 몰리면, 즉각 투수와 수비요원을 교체하고 수비 배치 지시를 내린다. '설마'에 대비하기 위해서는 변화가 심한 현실에 임기응변으로 대처할 수 있는 자세가 중요하다.

재판이나 협상에서도 마찬가지다. 우리 쪽이 제출한 새로운 증거, 상대편이 제출한 새로운 증거에 의해 상황은 급변한다. 상황이 바뀌면 당연히 방침도 바꿔야 한다. 절대로 이길 수밖에 없는 재판이라 해도 화해를 청해야 할 때도 있고, 질 게 뻔한 재판이라 해도 강하게 나가는 게 좋을 때도 있다.

모든 방면에서 관련된 정보를 수집하고, 자신의 방향을 정해 놓는다. 하지만 본인이 정한 방향을 100퍼센트 옳다고 자만해서는 안 된다. 무조건 일단 정해 버리면 선택지는 제로가 된다. 어려운 일이지만, 자신이 생각하는 방침을 정하되 동시에 확신은 하지 말고, 상황 변화에 따라 일의 방향도 방법도 바꿔가야 한다.

　다시 한 번 정리하면, 방침을 세워 실행은 하되 반대 의견이나 정보에도 항시 주의를 기울여야 한다는 것이다. 그리고 상황이 바뀌면 그에 따라 방법도 바꿔 나간다.

　시간은 쉬지 않고 흘러가고, 상황은 시시각각 변해간다. 상황이 바뀌고 있는데도 불구하고 옛날을 고집하면, 변화에 대처해 나갈 수 없다. 매일매일 작은 변화에 잘 적응해 가다 보면, 큰 변화나 돌발적 상황에도 당황하지 않고 잘 대처해 나갈 수 있다.

고정관념에 사로잡히면
목적은 표류한다

　미야모토 무사시라고 하면, 쌍검법을 창안한 일본 병법사상 굴지의 검술가다. 생애 60여 회의 결투에서 전승무패로 알려진 전설의 인물이다.

　요시오카 켄포가 시조인 검술유파의 일족과 결투에 나설 때, 그는 무사들이 찾던 하치망구라는 신사에 가서 필승을 기원하려고 했으나 결국은 그만두었다고 한다. 신에게 의지하지 않고 오직 자신의 실력으로만 싸우고 싶었던 것이다.

　무사시는 한 손에는 장검, 다른 한 손에는 단검을 쥐고 동시에 사용하는 병법을 썼는데, 만년에 이 검법의 비결을 『오륜서』에 남겼다. 이 책에는 병법의 원칙뿐만 아니라 전체를 보고 판단하는 법, 이치에 맞게 생각하는 법 등 현 시대에도 통하는 '사고思考의 기술'이 적혀 있다고 한다.

예를 들면 검을 쥐는 법에 있어서나 동작에 있어서나 변화가 없어서는 안 된다. 한 가지 방법에만 연연하지 말고 상황에 따라 임기응변으로 대응하지 않으면, 결투에서는 이길 수 없다.

검을 쥐는 방법도 정해져 있지 않다. 상단, 중단, 하단, 오른쪽 아래, 왼쪽 아래 어디를 잡을지는 상황에 따라 달라져야 한다는 것이다. 고정관념을 버리고 임기응변으로 상황에 따라 검 쥐는 법을 바꾸지 않으면, 절대로 적을 쓰러뜨릴 수 없다. 목적은 적을 베는 것에 있고, 검을 쥐는 자세는 그것을 위한 수단일 뿐이다.

무사시는 고정관념의 병폐에 대해 수도 없이 반복해서 주의를 주고 있다. 고정관념에 사로잡히면, 본래의 목적을 잊어버리고 형식에 얽매이게 된다. 우리들도 어떤 문제에 대해 무사시가 말하는 것처럼, 유연하게 임기응변으로 대처하지 않으면 안 된다.

판단 자료가 부족할 때는, 무리하게 추측해서 성급히 결론을 내려서는 안 된다. 상황이 확실해지면, 그 상황에 맞춰 대응책을 찾아가야 한다. 성급히 판단해서 일을 그르치는 것보다는 상황을 엿보며 대처하는 편이 실수를 줄이고 적절히 대응할 수 있는 방법이다.

4

'안 된다'에는 1퍼센트의
가능성이 들어 있다

◆
◆
◆

삿포로발 마지막 비행기를 탈 가능성은?

'99퍼센트 불가능'은
무슨 뜻?

일상생활에서 '설마'를 잘 이용해 성공한 케이스를 하나 소개하려고 한다. 수년 전 삿포로에 출장 갔을 때의 일이다.

예상외로 일이 빨리 마무리되어 그날 도쿄로 돌아갈 수 있는지 알아보기로 했다. 치토세 공항의 카운터에서 대기 신청을 했더니, 30대 중반의 남성이 머리를 조아린다.

"손님보다 먼저 대기 신청을 하신 분이 20명 이상이나 계십니다. 지금 신청하셔도 99퍼센트 캔슬은 안 나올 것 같습니다."라며 마치 기다린는 것은 쓸데없는 짓이라는 듯한 말투였다.

이럴 때 어떻게 판단하면 좋을까?

물론 나보다 담당자 쪽이 더 많은 정보를 가지고 있다. 나는 이 비행기에 대해서는 아무런 정보가 없다. 둘의 정보량만 비교하면 물론 담당자의 말이 맞을 것이다. 하지만 정말 그럴까? 그가 전문가이기 때문에 그렇게 보이는 것은 아닐까?

일도 끝났는데 삿포로의 호텔에서 묵는 것보다는 집으로 돌아갈 수 있다면 돌아가고 싶었다. 하지만 일정에는 원래 삿포로에 묵는 걸로 되어 있었기 때문에, 삿포로에서 1박한다고 해도 별로 손해 날 것도 없었다.

하지만 담당자의 말을 잘 생각해 보면, 사실 많은 의미를 품고 있다.

5장 불운에 대해 합리적으로 준비하라

'99퍼센트 안 될 겁니다'라는 것은 추상적 판단이라는 점이다. 99퍼센트라는 숫자가 합리적으로 산정되었을 리 없다. 그는 현재 빈자리가 없다는 것을 강조하고 싶었을 뿐이다.

나는 그의 판단 기준을 알 수 없다. 아마도 그의 경험상 대기 신청을 한 승객이 탈 수 있는 경우는 10명 이하인지도 모르겠다. 하지만 담당자의 판단을 믿을 수 있는 확실한 근거가 없었기 때문에 그의 말을 곧이곧대로 받아들일 수는 없었다. 담당자의 말이 맞을 수도 있지만, 그렇지 않을 수도 있다. 단체승객이 출발시간에 못 맞출 수도 있고, 도로가 막혀 많은 사람이 비행기를 못 탈 수도 있다. 우연은 얼마든지 일어날 수 있기 때문이다.

혹시 내가 그와 똑같은 정보를 가지고 있었다고 해도, 나는 손님의 입장에서 다른 판단을 했을지도 모른다. 나라면 더 낙관적인 판단을 했을 것이다. 하지만 그는 직업상 손님에게 그렇게 말할 수밖에 없을지도 모르겠다. 손님에게 희망을 주었다가 만일 잘못되면 큰 원망을 사거나, 클레임을 거는 소동이 벌어질 수도 있기 때문이다.

공들인 수고와
시간의 관점에서의 생각

한발 더 나아가 완전히 다른 관점에서 이 문제를 생각해 볼 수도 있다.

예를 들어 죽어라 기다렸는데 만약 비행기를 타지 못했을 경우, 나에게 어떤 손해가 있을까 하는 관점에서 생각해 보는 것이다. 비행기를 탈 수 있느냐 없느냐의 관점에서만 생각하면, 고민할 필요도 없이 호텔로 가서 쉬는 게 현명하다. 하지만 대기를 하고 있는 시간은 겨우 40분 정도이다. 40분 정도 기다린다 해도 크게 손해날 것은 없다. 기다리는 동안 읽고 있던 책이라도 마저 읽으면 된다. 혹시 비행기를 타지 못하더라도 그 시간에 책을 읽었으니, 시간을 낭비하지는 않았다.

이런 관점에서 보면, 대기 신청을 해야 할지 말아야 할지는 비행기를 탈지 못 탈지의 확률보다도, 기다리는 시간 낭비를 했느냐 그렇지 않느냐의 문제이다.

이처럼 어떤 문제에 대해서 여러 각도와 측면에서 생각해 볼 수도 있다. 그런데도 불구하고 많은 사람들은 99퍼센트 안 될 겁니다, 하는 말을 들으면 무조건 포기한다.

실제로 내 뒤에 온 사람들은 가능성이 없다고 생각해 단념하고 돌아가 버렸다. 하지만 나는 비행기를 못 타게 돼도 책을 읽거나 내 시간으로 사용하면 아까울 것은 없다고 생각해서, 일단 대기하겠다면서 번호표를 받았다. 이렇게 해서 40분 후 나는 탑승을 했다. 하루 빨리 돌아왔기 때문에 호텔비도 시간도 절약할 수가 있었다.

이상은 어디서나 누구에게나 있을 법한 일상의 작은 에피소드였다. 하지만 하루에 몇십 건의 작은 판단이 수년, 수십 년 쌓이면 누적 효과는 엄청날 것이다.

인생은 결코 단순하지 않다. 매일매일의 작은 판단이 자신의 운명에 꽤 큰 영향을 끼치고 있다. 그 인과관계는 복잡하게 얽혀 있기 때문에 육안으로는 볼 수 없을 뿐이다.

예를 들어 '좋은 운'이라고 하는 것은 이런 눈에 보이지 않는 축적의 산물이라고 할 수 있다. 즉, 운명도 좋은 운도 어느 정도는 본인의 성격, 노력, 판단력에 의한 것이라고 나는 생각한다.

제6장

생각하는 힘과
싸우는 힘의 결합

주체적으로 생각하라

1

법은
친절한 관리인이 아니다

◆
◆
◆

민사소송은 '정의'를 가리지 않는다

사회가 있는 곳에
분쟁도 있다

최근 몇 년간 간이재판소(공판을 열지 않고 서면 심리에 의해 재판하는 경우. 한국의 경우 소액소송이 해당)나 지방법원의 소송은 연간 약 50만 건이었다. 내 생각에는, 재판까지 가지 않고 합의를 하거나 억울하지만 참을 수밖에 없는 잠재적 분쟁은 그 수만 배에 이를 것으로 추정된다.

"한 건의 큰 재해가 발생하는 배후에 29건의 작은 사고와 300건의 잠재적 사고가 있다"라고 하는 하인리히의 법칙에 따라, 소송의 배후에도 30배의 작은 분쟁이 있을 것이라 가정하면, 연간 1천500만 건의 분쟁을 사회는 끌어안고 있는 것이다.

'사회가 존재하는 곳에 법이 존재한다'라는 속담도 있지만, 사회가 존재하는 곳에 분쟁 또한 존재한다.

소송 도중에 합의가 안 될 때는 증인 심문이 있다. 민사 제1심의 증인 심문 실시률은 약 20퍼센트다. 관계자들의 주장이 일치하면 증인 심문은 할 필요가 없다. 증인 심문이 실행된다고 하는 것은, 원고와 피고의 주장이 완전히 대립된다는 것을 말한다.

증인 심문에서는 어느 쪽의 증인이 위증을 하고 있거나, 위증 비슷한 증언을 하고 있는 경우가 많다. 너무도 태연하게 위증을 하는 사람도 있다. 반대심문으로 궁지에 몰리면, 잘못 기억하고 있었던 것 같다며 말도 안 되는 변명을 한다. 단언할 수 없지만 대부분은 위증이 많다.

증인 심문에서 한쪽 증인은 검정이라 우기고, 또 다른 증인은 하얗다고 주장한다. 금전 관계가 얽힌 사건에서 A 증인은 B에게 3억 원을 제공했다고 말하고, B 증인은 하늘에 맹세코 그런 일은 절대로 없었다고 증언한다. 또 상속 사건에서는 장남은 "유언장의 서명은 진짜다. 유언장을 작성할 때 그 자리에 있었기 때문에 틀림없다."고 단언하고, 차남과 장녀는 "서명은 위조다. 당시 위독하셨던 아버지가 서명을 하셨을 리가 없다."고 증언한다.

어느 쪽이 진짜인지 알 수가 없다. 사실을 말하고 있는 쪽에서는 얼마나 답답할까? 하지만 이게 현실이다. "진실과 거짓은 같은 얼굴을 하고 있다."고 프랑스의 철학자 몽테뉴는 말했다. 평소 성실한 사람이라고 해서 모두 재판에서 진실을 말하는 것도 아니다. 인간은 이해타산을 위해 진실을 왜곡할 수도 있기 때문이다. 그래서 증인을 100퍼센트 무조건 신용할 수도 없다.

권리를 지키기 위해서
투쟁은 필연

"법의 목적은 평화이고, 이것을 달성하기 위한 수단은 투쟁이다."

독일의 법학자 예링은 『권리를 위한 투쟁』에서 이렇게 말했다. 예링은 19세기 후반 독일의 대표적인 법학자다. 그가 저술한 『로마법의 정신』은

불후의 명작으로 알려져 있다. 그의 실증주의적 방법은 오늘날의 법학, 법사회학에 크나큰 영향을 주었다.

"자신의 권리를 짓밟히면 거기서 끝나는 게 아니고 인격까지도 위협받을 수 있다. 권리를 위해 투쟁하는 것은 자기 자신에 대한 의무이다. 또 국가와 사회에 대한 의무이기도 하다." 예링은 이렇게 주장했다.

"'권리=법'의 생명은 투쟁이다. 국민의 투쟁, 국가권력의 투쟁, 신분의 투쟁, 개인의 투쟁이다."(『권리를 위한 투쟁』 예링 지음)

나의 권리는 투쟁에 의해서만 획득할 수 있다. 타인에 의한 권리침해는 지구가 멸망하는 그날까지 계속될 것이고, 또 권리를 지키기 위한 투쟁 또한 멈추지 않을 것이다. 그렇기 때문에 정의의 여신 테미스는 오른손에 검을, 왼손에 천칭(저울)을 들고 있는 것이다. 검은 법의 준엄함을, 저울은 법의 공정성을 의미한다. 검과 저울의 균형이 맞아떨어질 때 법이 실현됐다고 말할 수 있다.

그러나 현실 세계에서는 법이 실현되는 그날이 영원히 오지 않을 것이다. 법률에 적혀 있는 권리는 말하자면 그림의 떡과 같은 존재다. 그림의 떡을 현실화하기 위해서는 끊임없는 투쟁이 필요하다. 인간은 자기중심적 존재이기 때문에 욕망을 채우기 위해서는 수단을 가리지 않는다. 그래서 개개인은 자기만의 욕망을 채우기 위해 타인을 짓밟는 짓도 서슴지 않는다. 그런 인간의 행동에 브레이크를 걸기 위해서 법이 필요하다. 영국의 철학자 토머스 홉스가 말하는 성악설을 전제로 한, "만인의 만인에 대한 투쟁(모든 사람이 자기 이익만을 끝까지 추구하는 상태)"인 것이다.

민사재판의 목적은 '정의', '진실'을 밝히기 위한 것이 아니라 '사적 분쟁의 해결'이다. 민사재판의 목적은 '당사자 간의 분쟁을 평화적으로 해결하는 일' 그 이상도 그 이하도 아니다. 법원은 기계적, 수동적으로 움직일 뿐 진상 해명을 하기 위해 자기의 일처럼 적극적으로 관여하지는 않는다. 진상 해명은 오직 당사자의 책임이다.

국가로서 재판에 드는 비용은 사회질서를 유지하기 위한 어쩔 수 없는 지출일 뿐이다. 가능한 한 효율적으로 싼 비용으로 분쟁이 해결되면 그만이다. 약자는 억울할 수 있겠지만 이것이 현실이다. 판결의 기준이 되는 증거를 제출할 책임은 당사자, 즉 원고 또는 피고이다. 당사자가 본인에게 유리한 사실을 증명할 수 있는 증거 제출을 하지 않는다면, 패소하는 것은 당연하다.

법은 숨어 있는 권리까지 보호하지 않는다. 진실과 상관없이 증거가 불충분하면, 아무리 본인이 옳다고 주장해도 패소할 수밖에 없다. 따라서 재판에서 이겼다고 해서 진실하고, 졌다고 해서 진실하지 않은 것은 아니다. 패소한 쪽이 진실일 가능성도 충분히 있다. 그러나 일단 판결이 나면, 세상은 이긴 쪽이 진실하다고 생각한다. 재판은 그런 것이다.

상황이 이렇지만 사람들은 아직도 착각 속에서 산다. 경영자는 물론 법무 담당자조차도 재판은 진실한 쪽이 반드시 이긴다는 비현실적인 몽상을 하고 있다. 소송은 투쟁이다. 싸워서 이겨야만 권리를 확보할 수 있다. 이 세상은 무도회장이 아니라 정글이다. 이 점을 명심하고 싸워야만 한다.

2

전술적 유연성을
이끌어내는 힘

◆
◆
◆

강경책과 저자세

강경책은
신중하게

나는 젊은 시절 일본 기업의 대리인으로 미국 기업을 상대하면서, 처음에는 매번 미국 기업의 강경책에 호되게 당했다. 30대, 40대의 이런 쓰라린 경험으로 나는 강경책의 노하우를 배울 수가 있었다. 강경책이라고 해도 상황에 따라 다르므로, '강경책이란 이런 것이다'라고 한 마디로 요약할 수는 없다. 내가 젊은 시절 자주 사용했던 강경책은 다음과 같다.

① 기습공격

매매대금의 지불을 요구했지만, 상대는 시간을 끌며 지불할 기미가 안 보인다. 그래서 법원에 가압류를 신청하고, 상대편 은행계좌를 압류해 버렸다. 상대는 갑자기 기습공격을 당한 셈이다. 은행계좌를 동결해 버리면 운용자금에도 문제가 생기고, 거래하는 은행에도 상황 설명을 해야 한다. 상대편 회사는 지불할 의사가 없다는 것도 아닌데 너무하다며 비난을 해온다. 하지만 이렇게 나올 수도 있다는 예측을 하지 못한 본인들의 안일함을 탓해야 한다. 우리 측이 채권자일 경우에 유용한 수단이다.

② 별소 제기

미국 기업의 대리인으로 일본에서, 일본 기업을 상대로 재판을 하고 있었다. 그러나 너무 시간을 질질 끌었다. 6개월이 지나서야 미국에 있는 일본 기업의 자회사를 찾아냈고, 그 자회사를 상대로 미국에서도 별소別 訴를 제기했다. 미국에서의 소송에 대응하려면, 연간 변호사 비용은 억 단위에 달한다. 일본 기업은 즉시 타협하자고 제의를 해왔다. 이처럼 원 래는 관계가 없는 것처럼 보이지만, 일을 해결할 수 있는 실마리는 꼭꼭 숨어 있다.

③ 맞고소

독일 기업의 의뢰인이 특허 침해를 이유로 일본에서 소송사건에 말려 들었다. 나는 "상대도 이쪽의 유럽 특허를 침해했다"며 유럽에서 소송을 제기하겠다고 강경한 태도로 반박했다. 실제로 유럽에서 소송을 제기하 지는 않았다. 하지만 소송을 걸겠다는 강경한 태도를 취한 것만으로 효 과는 있었다. 유럽에서의 어마어마한 변호사 비용을 두려워한 나머지, 소송까지 가지 않고도 잘 마무리되었다. 이처럼 일을 해결할 수 있는 방 법은 찾으면 반드시 있게 마련이다.

하지만 강경책을 취할 때에는 신중에 신중을 기해, 상대가 어떻게 나 올지 예측하지 않으면 안 된다. 예측이 빗나가면 생각만큼 별 효과는 없다. 장기처럼 내가 이 말을 두었을 때 상대가 어떻게 나올지 예상해야 한다. 장기는 공격을 당해도 그저 게임이기 때문에 마음의 여유가 있어 핏대를 올리며 화를 내지는 않는다.

그러나 이해타산과 직결되는 합의나 재판에서는 감정이 개입된다. 내가 이렇게 나왔을 때 상대가 어떻게 나올지 예측하지 못하면, 감정이 격화되어 상대도 강경하게 나온다.

상황이 이렇게 되면 일은 해결되지 않고 더욱 복잡해진다. 보통 내가 강경책을 쓰면, 상대는 금방 깨갱 하고 꼬리를 내릴 것으로 착각한다. 정의가 반드시 이긴다고 생각할수록 이런 경향이 강하다.

상대가 강하게 반격해 오면 이쪽에서는 그보다 더 강한 방법을 써야 한다. 재판으로 이어지면 일은 복잡해지고, 시간 낭비와 금전적 손해까지 감수해야 한다. 재판까지 가지 않고 일을 해결할 수 있는 방책을 찾는 것이 최상이다. 강경책을 쓴다는 것은 때로는 옵션 발상이 빈곤함을 나타내기도 한다.

분쟁 처리에 있어서도 넓은 의미로 인간관계는 중요하다. 폭력으로 분쟁을 해결할 수는 없기 때문에, 어떤 치열한 싸움에서도 넘지 말아야 할 선은 넘지 않는 것이 좋다.

저자세로 할 것인가, 고자세로 할 것인가

"옆집 에어컨 소리 때문에 밤 늦은 시간까지 시끄럽다"는 의뢰를 받은 변호사가 "즉시 개선해 주지 않으면 고소하겠다"며 옆집에 내용증명을 보내는 것은 생각이 짧은 처사다.

일단 감정은 접어두고 이쪽의 목적을 달성하기 위해, 시간과 비용이 들지 않는 가장 효율적인 방법을 생각해 내야 한다. 이쪽 사정을 전달할 때는 상대가 어떻게 반응할지 예측해야 한다. 바로 소송으로 가는 방식은 현실적으로 비효율적이다. 소송은 차선이다. 이 방법, 저 방법이 통하지 않을 경우 어쩔 수 없을 때 사용하는 마지막 수단이다. 이쪽의 목적은 어디까지나 소음을 줄이는 것이지, 감정을 분출하는 것이 아니다. 자신이 옳은 경우에도 상대의 감정을 자극하지 않고 알아듣기 쉽게 전달해서 목적을 달성하면 되는 것이다. 아무 생각 없이 소송을 제기하는 것은 누구나 할 수 있는 일이지만, 시간과 비용과 에너지 낭비, 게다가 정신적 피로까지 더해져 득 될 것이 하나도 없다.

실제로 시끄러워서 사실을 말했을 뿐인데, 상대가 격하게 화를 내며 더 시끄럽게 소음을 내는 경우도 드문 예는 아니다. 상식에서 벗어난 행동이라며 화를 낸다고 해도, 일이 해결되기는커녕 스트레스만 쌓인다. 사실 이 세상의 분쟁은 이론이나 논리로 해결되는 일은 거의 없다. "반대 의견이 없는 논리는 이 세상에 존재하지 않는다." 고대 그리스의 철학자 피론*의 말이다.

옆집과의 분쟁에서는 감정이 앞서기 쉽다. 감정적으로 처리하면 시간도 오래 걸리고, 사이도 험악해진다. 매일 얼굴을 봐야 하는데 그 스트레스는 말로 다할 수 없다. 직접 만나서 감정 상하지 않게 말을 하거나 편

---

* 인식론의 한 갈래인 회의론의 시조. 그는 진리의 상대성을 강조하면서 사물과 현상에 대한 단정적 판단을 유보할 것을 선언했다.

주체적으로 생각하라

지나 메모를 남기는 방법도 있다. 직접 얼굴을 마주하면 감정적으로 흘러가기 쉽지만, 메모나 편지라면 어느 정도 이성적으로 생각을 전달할 수 있다. 아무 생각 없이 변호사를 시켜 내용증명을 보내는 것은 지혜로운 방법이라 할 수 없다.

처음에는 이런저런 방법으로 대응하며 상황을 보다가, 정말 어쩔 수 없는 경우에 최후의 절차로서 법적 대응을 하는 것이 최선이다. 법적 대응을 택하더라도 처음에는 조정과 같은 온화한 방법으로 접근하자. 세상에는 눈치도 없고, 둔하고, 꼬인 사람도 당연히 있기 때문에 온화한 방법이 100퍼센트 통하는 것은 아니다. 그래도 80~90퍼센트의 사람들은 통하기 때문에 처음부터 압력을 가하는 것보다는 현명한 방법이라고 할 수 있다. 저자세에서 고자세로 바꾸는 것은 언제라도 가능하지만, 고자세를 취했다가 일이 꼬인다고 저자세를 취하면 소 잃고 외양간 고치는 식밖엔 안 된다.

결국 상황에 따라 임기응변으로 대응하는 수밖에 없다. 처음부터 끝까지 고자세 또는 저자세로 일관할 필요는 없다.

3

비열한 상대에게
강해지는 법

◆
◆

감정은 접어두어라

사고력에도
자립이 필요하다

후쿠자와 유키치는 베스트셀러 『학문의 권장』에서 "하늘은 사람 위에 사람을 만들지 않고, 사람 밑에 사람을 만들지 않는다."라는 유명한 평등 선언을 하며 '일신 독립, 일국 독립'을 주장했다.

"독립의 기력이 없는 자는 나라를 생각하는 마음이 간절하지 않다. 독립이라고 하는 것은, 자신의 몸을 지배하고 타인에게 의지하거나 기대는 마음이 없음을 뜻한다. 스스로 옳고 그름을 분별해서 행동하는 자는, 타인의 지혜에 의지하거나 기대지 않는 독립된 자다. 스스로 심신을 단련해 스스로 생계를 꾸려가는 자는, 타인의 재물에 의존하지 않는 독립된 자다. 모든 사람이 이 독립의 마음 없이 타인의 힘에만 의존하려고만 한다면, 이것을 받아줄 자는 누구인가?"

(『학문의 권장』 후쿠자와 유키치 지음)

후쿠자와는 독립자존獨立自存의 정신이야말로 새 국가 건설의 근본이라고 생각했다. 뚜렷한 주관이 없는 부화뇌동을 싫어했고, 개인의 자립을 주장했다.

후쿠자와는 어린 시절부터 독립심이 강하고, 합리적으로 문제에 직면하는 인물이었다. 세속적 관습에 얽매이지 않고, 아웃사이더 경향이 강했다. 그가 『학문의 권장』이나 『서양 사정』 등 완성도 높은 지적 작업을 이룰 수 있었던 것도, 일본인에게는 드물게 합리적 정신의 소유자였기 때문이다. 세속적 관습을 의심하고 타인의 생각에 미혹되지 않는 독립자존의 근성이 있었기 때문이다.

하지만 요즘의 실태를 보면, 자기주장을 할 때 반론을 하면 토라지거나 화를 내거나 주눅이 들어 토론이 불가능한 사람들이 늘고 있다. 자신의 머리로 파헤쳐 깊이 생각하지 않고, 감정으로만 판단을 한다. 인터넷의 발달로 발언의 장은 비약적으로 늘었지만, 개성적 의견은 별로 없다. 후쿠자와가 주장하는 일신독립은 우리에게는 아직 먼 나라 이야기인 것만 같다.

장외투쟁에 대처하는 방법

변호사한테도 자주독립自主獨立의 근성은 필수조건이다. 최근에는 협상이나 재판에서 룰을 무시하고 장외에서 난투를 벌이는 자가 늘고 있다.

① 매스 미디어를 이용해 있지도 않은 얘기를 기사화한다.
② 중상모략의 전단지를 자택, 회사 주변에 뿌린다.

③ 인터넷에 비방하는 글을 올린다.

④ 협박전화를 하거나 전화를 걸어놓고 말을 하지 않는 등 여러 형태의 장난전화로 사람을 골탕 먹인다.

⑤ 차를 타고 동네를 돌면서 확성기로 중상모략을 하며 증인을 압박한다.

⑥ 가짜 증거를 만들어 위증한다.

⑦ 대량의 초밥이나 피자를 주문해 상대 변호사 사무실로 배달시킨다.

⑧ 테러리스트를 가장해 지금부터 그쪽을 공격하겠다고 협박한다.

확신범(도덕적, 정치적, 종교적 확신이 결정적 동기인 범죄), 폭력단, 심부름센터, 인격 장애인, 스토커, 사이비 사회운동가 등 상대는 다양한 모습이다.

2003년 도메스틱 바이올렌스(Domestic Violence, 약자로 DV), 즉 가정폭력 사건으로 가해자가 등유를 뿌리고 변호사와 스태프를 인질로 잡아 감금한 사건이 일어났다. 2004년에는 변호사가 가정폭력 가해자에게 식칼로 찔리는 살인미수 사건도 일어났다.

룰을 어기는 장외 난투자를 상대하기 위해서는 그에 맞설 용기가 필요하다. 실제로 아무리 심각한 사건이라 해도 인간의 분쟁은 지혜를 짜내어 해결책을 모색하는 수밖에 도리가 없다. '인간의 문제는 인간의 지혜로 해결할 수밖에 없노라'고 깊이 확신하면 결국엔 좋은 해결책이 발견되는 법이다. 장외투쟁을 취해 오는 상대에 대해서는 이쪽도 다채로운 수단을 준비하지 않으면 안 된다.

① 협박죄, 업무방해죄로 형사 고발한다.

② 업무방해 금지 가처분을 신청한다.

③ 변호단을 조직해 매스 미디어에 호소한다.

④ 상대에게 손해배상을 청구한다.

⑤ 경찰, 검찰과 긴밀히 연락한다.

⑥ 경비원을 고용한다.

장외 난투에 맞설 수 있는 용기, 기백, 카리스마로 상대를 압도하지 못하면, 상대의 페이스에 말려 질질 끌려다니게 된다. 역경에 직면했을 때의 마음가짐을 옛 가인은 이렇게 노래했다.

"무슨 일이든 이루려고 하면 이루어지고, 이루려 하지 않으면 이루어지지 않는다."(우에스기 요우장)

"근심, 걱정이여, 올 테면 와라! 내 능력에 한계는 있을지언정, 최선을 다해 싸워주마."(쿠마사와 반장)

4

주관성과 객관성의
딜레마

◆
:
◆

자신을 객관화하라

세상이라는
제삼자의 눈

젊은 시절 선배 변호사로부터 "판사 같은 말투 집어치우라"며 자주 핀잔을 들었던 기억이 난다. 판사 같은 말투는 칭찬이 아니다. 의욕을 보이지 않는 변호사를 질책하는 언질이다.

변호사는 의뢰인의 대리인이기 때문에 근본적으로 의뢰인을 위해 싸우는 자세가 필요하다. 판사라면 원고와 피고, 쌍방의 주장을 듣고 제삼자로서 판단을 하면 끝이다. 하지만 변호사는 판사처럼 중립적으로 생각하며, 높은 곳에서 내려다보는 시선으로 보면 안 된다. 이상이 선배의 충고였다.

공평하고 중립적 입장에서 합의나 재판에 임했을 때, 상대가 강하게 공격해 오면 어떻게 될까? 결국 의뢰인에게 불리해진다. 그렇기 때문에 합의나 재판에서 강하게 의뢰인의 입장에 서서 변호해야만 한다. 그렇게 하지 않는다면, '의뢰인의 대리인'이라고 말할 수 없다.

변호사는 의뢰인의 대리인이지만, 그의 주장은 '판사'라고 하는 제삼자에 의해 판단된다. 너무 일방적인 주장을 하면 판사는 간단히 부정해 버릴 것이다. 반면에 또 너무도 중립적인 주장을 하면, 의뢰인의 이익을 최대한 지켜줄 수가 없다. 이렇게 변호사는 주관과 객관의 딜레마에서 고민하게 된다.

결국 과도한 요구를 하면 판사는 인정하지 않을 것이고, 또 과소하게 요구하면 의뢰인의 입장을 지켜줄 수가 없다. 그렇다고 해서 처음부터 일반적인 통념으로 손해배상을 하는 것도 어딘지 마음에 들지 않는다.

합리적인 선에서의
최대치

도쿄 지방법원의 세기 히로시 판사는 "변호사는 상대(때로는 판사)의 관점에서 문제를 바라보는 시각이 절대적으로 필요하다"고 말한다. 실력이 있어도 주장하거나 입증하는 데 밀고나가는 힘이 없는 변호사는 상대의 관점에서 문제를 바라보는 시각이 절실히 필요하다. 하지만 세기 히로시 판사의 주장은, 말하기는 쉬워도 실천은 쉽지 않다. 실제로 자기주장에만 정신이 팔려, 상대의 주장에 반론할 수 있는 서류 준비는 미흡한 경우가 적지 않다.

"자신의 정당성을 주장하기에 바빠 자신의 약점도 제대로 보지 못할 뿐더러, 상대의 급소도 파악하지 못한다. 상대편 주장에 대해 간결하게 설명하고 끝내야 하는데 쓸데없이 말이 길어져, 중요한 부분을 놓쳐버린다. 위압적인 표현, 또는 갖은 욕설과 악담, 중상에 가까운 말들이 시작되는 경우는 자기주장에 자신이 없는 경우일 때가 많다."

(『민사소송 실무와 제도의 초점』세기 히로시 지음)

주관성과 객관성의 딜레마를 해결하기 위해 나는 '합리적 범위 안에서 최대한의 금액'을 상대에게 요구한다. 즉 판례의 평균보다는 훨씬 높은 금액이기는 하지만, 자릿수가 달라질 정도로는 요구하지 않는다. 예를 들어 3천만 원의 손해배상이 평균인데 3억 원을 요구하지는 않는다. 압력을 가하기 위해 8천만 원 정도는 괜찮을 수도 있지만, 자릿수가 달라질 정도의 터무니없는 요구는 생각해 볼 문제다.

나의 의뢰인이 혹시 이런 요구를 당한다면, 합의를 거부할 것을 권유한다. 재판으로 가면 상대는 패소의 리스크가 충분히 있다. 혹시 승소한다고 해도 금액은 터무니없이 낮아질 게 뻔하다. 실제로 나의 의뢰인이 터무니없는 금액을 재판에서 청구 받은 적이 있다. 그때 반소(反訴, 소송 도중 피고가 원고를 상대로 제기하는 소송)를 제기해 우리 쪽이 손해배상을 받아낸 적도 있다. 터무니없는 금액은 때로는 역효과일 수도 있다.

나는 '합리적인 최대한의 요구'가 의뢰인의 입장을 지켜줄 수 있는 최선이라고 생각한다. 의뢰인의 이익을 챙겨주면서, 또 한편으로는 판사라고 하는 제삼자를 설득하지 않으면 안 된다. 이렇게 함으로써 딜레마는 해결할 수 있다.

이 방법은 비즈니스에서도 마찬가지다. 터무니없는 요구로는 딜 자체가 결렬될 것이고, 또 터무니없이 저자세로 가면 손해가 크다. 제삼자의 입장에서 볼 때, 터무니없는 요구는 오히려 독이 된다. 밀실에서의 딜이라고 생각해도, 여차해서 재판으로 가게 될 가능성도 있다는 것을 염두해서 거래해야 한다.

생각해야 할 대상과
거리 두기

가끔 오해를 하는 사람들이 있다. 변호사라면 분쟁 처리에 있어서 같은 방법을 쓰고, 결과도 비슷할 거라고 생각하는 사람도 있다. 하지만 천만의 말씀이다. 인간을 상대로 하는 분쟁 처리에는 정해진 처방전이 없다. 사건이 심각하면 심각할수록 변호사에 따라 판단은 달라진다. 따라서 결과도 완전히 달라진다. 인간을 상대로 하는 분쟁인 만큼, 의사보다 변호사 쪽이 생각 여하에 따라 결과에 미치는 영향은 훨씬 더 크다.

어떤 문제에 직면해 생각할 때는, 생각하는 대상과 거리를 두는 편이 판단에 결정적으로 영향을 준다. 경험상 거리를 두는 방법에는 밀착형, 반신형, 조감형의 세 가지가 있다.

① 밀착형

나 또한 30대 젊은 시절에는 눈앞의 사건 처리에 일희일비했다. 의뢰인의 말을 100퍼센트 그대로 믿고 사건 처리에 착수했다.

일본인은 정이 많아서 변호사라는 입장을 잊고, 의뢰인과 적당한 거리를 두지 못하는 경향이 있다. 자기도 모르게 의뢰인의 이야기에 감정적으로 이끌려간다. 젊은 시절엔 나도 그랬다. 의뢰인의 약점과 강점을 충분히 검토하고 파악하여, 강점은 밀고 약점은 채우며 전술을 생각해야 하는데, 그럴 만한 여유가 없었던 것 같다. 의뢰인의 말을 그대로 믿고 상대에게 압력을 가하면 가할수록, 상대의 감정을 자극해 분쟁은 점점 미궁 속으로 빠져들었다. 사건이 빨리 종료되지 않고 시간을 끌면 끌수록 이쪽도 손해를 본다. 하지만 미숙해서 거기까지 생각이 미치지 못한다.

분쟁 처리는 감정을 배제하고 냉정히 이성적으로 처리하는 것이 쌍방 모두에게 유리하다. 시간, 비용, 에너지, 모든 측면에서 봐도 낭비가 없다. 하지만 실제로는 정의를 내세우며 다투기 때문에 불구대천 원수지간의 싸움이 된다. 내가 "사람 좋고 성실한 변호사는 대성하지 못한다"고 장담하는 이유도 그 때문이다. 대리인은 감정을 억제할 줄 알아야 하는데 그게 쉽지가 않다. 이것이 밀착密着형 사고의 결점이다.

② 반신형

40대가 되어 차츰 자신의 견해에 결점이 있다는 것을 깨닫기 시작했다. 밀착형은 어느 정도의 결과는 얻을 수 있어도 생각만큼 큰 성과는 얻을 수 없다. 어떤 일이든 성실하다고 무조건 좋은 것은 아니다. 성실한 의사는 약을 과잉 투여하는 경향이 강하고, 성실한 변호사는 대부분 분쟁 해결에 미숙하다. 법률가라고 하는 것은, 미덕 속에 숨어 있는 악덕을 볼 수 있고 악덕 속에 숨어 있는 미덕을 볼 수 있는 안목이 필요하다.

나 또한 젊은 시절에는 억지를 부리거나 안하무인 격으로 행동하는 사람을 보면 격분해 밤에 잠을 이루지 못했다. 그런 경험을 반복하며 '지금 나는 낮에 있었던 사건으로 감정이 격해져 밤잠을 못 이루고 있는데, 상대는 이런 사실을 아랑곳하지 않고 곤히 잠들어 있다는 것'을 알게 되었다. 원인은 상대가 제공했지만 상대는 힘들어 하지 않고, 오로지 나만 '화'나 '고민'으로 힘들어 한다는 사실을 깨달았다. 감정에 이끌리면 여러 면에서 손해가 크다. 이렇게 사건에 밀착해 일희일비하기보다는, 몸의 반은 문제에서 거리를 두고 처리하는 쪽이 훨씬 원만히 해결할 수 있다는 것을 알았다. 말하자면 반신半身형 사고다.

'반신이 되어 생각한다'고 하면, 간단할 거라고 생각할지도 모른다. 하지만 이 또한 쉽지 않다. 무로마치(1338~1573년, 오다 노부나가에 의해 망했다) 초기, 천재적인 노(能 가무극)의 달인 제아미조차도 그러했다. 그가 '아집'의 한계를 깨닫고 객관적으로 자신의 모습을 보게 된 것은 50대 후반이라고 한다. 변호사도 예술인과 마찬가지다. 30대, 40대 시절에는 아무리 유능해도 문제의 대상으로부터 거리를 두고 객관적으로 바라본다는 것이 쉽지가 않다.

③ 조감형

50대가 되어 나는 반신형 사고로도 충분하지 않다는 사실을 깨달았다. 눈앞의 사건 처리에만 정신을 팔지 말고, 높은 곳에서 사건 전체를 내려다볼 수 있는 눈이 필요하다는 것을 절감했다. 그러기 위해서는 하늘을 나는 새가 지상의 풍경을 내려다보는 듯한 객관적인 시선이 필요하다. 즉 조감鳥瞰형 사고다. 이 부분은 제7장에서 자세히 다루었다. 객관적 시선으로 바라보게 되자, 심각한 분쟁도 재판까지 가지 않고 합의로 해결되는 일이 많아졌다.

5

남의 주장을
자기 것처럼 말하고 있지 않는가

◆
◆
◆

자신의 머리로 생각하라

자신의 머리로
생각하려면

자신의 머리로 생각하지 않는 사람을 찾아내는 것은 식은 죽 먹기처럼 쉽다. 왜냐하면 많은 사람들이 자기 고유의 생각을 가지고 있다고 믿고 있지만, 실은 매스 미디어의 압도적 영향을 받고 있기 때문이다. 자신의 독자적인 생각을 가지고 있는 사람은 극히 소수이다.

젊은 변호사의 의견서를 보면, 학설이나 판례를 잘 정리해 놓았지만 자신의 생각은 들어 있지 않다.

우리가 의뢰를 받는 사건들은 어디까지나 한 번밖에 없는 사건들이다. 개별적이고 특수한, 하나하나 개성이 다른 사건들이다. 그렇기 때문에 하나하나의 사건에 적합한 대응책이 필요하다. 학설이나 판례는 어디까지나 참고사항이다. 그럼에도 불구하고, 과거의 판례나 학설을 눈앞의 사건에 그대로 적용해 버린다. 그래서 젊은 변호사의 의견서는 도움이 안 될 때가 대부분이다.

타인의 의견이나 학설을 이해하기는 쉽지만, 자신의 생각을 갖는 것은 쉽지 않다. 변호사는 자신의 판단력을 파는 직업이다. 변호사는 판단력의 좋고 나쁨으로 가치가 정해진다. 그렇기 때문에 자신이 이해가 안 가는 것은 이해가 갈 때까지 파고들어야 한다. 모르는 것을 애매한 상태로 팽개쳐두지 말고 자신의 머리로 생각하고 통찰해서 판단에 책임을 지지 않으면, 의뢰인의 신뢰를 얻을 수가 없다.

자신의 머리로 생각하려면, 최소한 다음 두 가지 조건을 충족시켜야 한다. 이것을 충족시키지 못한다면 그냥 상황에 떠밀려 수동적으로 움직일 뿐 주체적으로 생각하고 있다고는 말할 수 없다.

① 관련된 사실(증거)을 확인한다.
② 자신이 판단한 근거를 조사한다.

'이론보다 증거'라는 말이 있다. 재판에서도 증거가 전부다. 소송의 승패는 증거와 논쟁으로 좌우되지만, 준비해 온 서면을 보며 깊은 논쟁을 벌여도 논쟁만으로는 이길 수 없다. 증거를 제시해야만 이길 수 있다. 논쟁에서 아무리 훌륭한 변론을 해도 증거가 없으면 재판에서는 당연히 지는 싸움이다.

다시 정리하면 증거의 좋고 나쁨이 70퍼센트, 논쟁의 좋고 나쁨이 30퍼센트로 승패는 갈린다.

사실인가, 전해들은 이야기인가

재판에서의 증거에는 문서 등의 물적 증거인 '물증'과 증인, 감정사 등 사람의 증언인 '인증'이 있다. 재판에서는 인적 증거(인증)보다 물적 증거(물증) 쪽이 훨씬 중요하다. 재판에서 이기려면, 물증을 찾아내는 일이 중요하다. 사람의 이야기는 반드시 말하는 사람의 주관이 들어가 있다. 의식적으로 가공된 부분도 있고 무의식적으로 가공된 부분도 있지만, 반드시 말하는 사람의 입장이 반영된다.

이혼 사례가 좋은 예다. 남편은 "가족을 위해 심야까지 일을 했다"고 말하고, 부인은 "남편은 전혀 가족을 돌보지 않았다"고 주장한다. '남편이 본 사실'과 '부인이 본 사실'은 완전히 다르다. 사실이라고 해도 남편과 부인이 각자 자기 입장에서 본 사실이 있을 뿐이다. 개인의 가치관, 주관, 관점이 반영된 사실이다.

'인증'은 개인의 관점이나 가치관이 반드시 개입돼 있다. 개인의 관점으로부터 나온 것들이 모두 합쳐져 '그 사람에게 있어서의 사실'이 된 것이다.

일반적으로 '사실'이라고 말은 하지만, 자신이 직접 확인한 사실은 의외로 많지 않다. 우리들이 말하는 '사실'이라고 하는 것은 거의 대부분 자신이 직접 확인하지 않은, 전해들은 정보인 경우가 태반이다. 많은 경우가 소문, 어디선가 들은 이야기, 매스컴 보도를 그대로 사실이라고 믿어 버린 경우이다.

특히 비즈니스 현장에서는 '누군가 이렇게 말했다'라든지, '신문기사에 있었다'라든지, 전해들은 정보를 사실이라고 굳게 믿고 있는 예가 많다. 전해들은 정보를 사실이라고 믿고 대처했다가는 판단에 큰 실수를 범할 수가 있다. 꽤 능력 있는 경영자인데도 타인의 정보를 100퍼센트 그대로 믿어 의심치 않는 경우를 많이 보았다. 이래서야 자신의 머리로 생각하고 있다고는 말할 수 없다. 물증으로 확인된 사실만을 사실로 취급하는 것, 그것만이 가장 확실한 방법이다.

그러나 현실에서는 모든 것을 물증으로 확인하기에 어려움이 많다. 그렇기 때문에 적어도, 개인에 관한 정보는 내 눈으로 확인하지 않았으면 미확인 정보로 참고만 하는 것이 베스트다.

'누가' 말했느냐가 아니라 '무엇을' 말했느냐

사람들은 쉽게 타인의 말을 믿는 경향이 있다. 대화를 하면서도 상대가 하는 말에 근거가 있는지 없는지 생각하는 사람은 없다. 그래서 세상에는 발 없는 말이 천리를 가듯, 전혀 근거도 없는 이야기가 떠돌아다닌다. 이렇게 말이라고 하는 것은, 때로는 '허구의 세계'를 만들어낸다. 회사에서 자주 듣는 이야기로 "간부 전원이 찬성하고 있다", "타사도 그렇게 하고 있다", "옛날부터 그랬다" 등이 있다. 이런 이유로 새 프로젝트로 신규 사업을 시작하려고 할 때 자회사가 설립된다.

비즈니스에서는 매일같이 새로운 문제에 직면한다. 다른 임원의 찬반이라든가, 동종 업계 타사의 움직임이라든가, 하는 문제는 아무런 근거도 되지 않는다. '신호등이 빨간 불인데도 다 같이 건너면 두렵지 않다'

는 식의 접근 방법에는 본인의 생각이 전혀 들어 있지 않다. 실질적인 근거가 되는 것은 아무것도 없다. 오히려 회의가 이런 식으로 진행되면 이상하다고 생각해야만 한다. 타인이 무슨 말을 하든 확실한 근거가 없는 한 확신해서는 안 된다. 근거가 불확실하다면 일단 방침은 정하더라도, 작은 상황 변화에 즉시 대처할 수 있도록 처음부터 부동의 결론은 내지 않는 것이 현명하다.

특히 주의해야 할 점은 상사, 전문가, 유명인의 이야기를 아무 저항 없이 받아들이는 수동적 자세다. 권위자의 말이라고 해서 확실한 근거 없이 감정에 의해 판단하는 경우도 종종 있기 때문이다.

생각의 포인트는 '누가 말했느냐'가 아니라 '무엇을 말했느냐'이다. 말하고 있는 내용과 근거의 유무에만 주목해야 한다. 말하는 사람의 직위나 권위를 떠나 생각해야 한다. 같은 말을 동료나 부하직원에게 들었다면 어땠을까, 생각해 보기 바란다.

근거를 생각할 때는 구체적으로 조항별로 써보는 게 좋다. 그러면 대부분이 제대로 된 근거가 아님을 알 수 있다.

근거가 없기로는 정신론(精神論, 물질적 현상도 정신적인 것의 발현으로 보는 것)도 마찬가지다. 정신론은 비즈니스 세계에서는 거의 통하지 않는다. 더욱이 재판에서는 전혀 통하지 않는다. 하지만 사내에서는 가끔 통하기 때문에 문제가 된다. 종종 있는 일이지만, 회의에서 전무가 박력 있는 큰소리로 발언을 한다. 부장이 조심스럽게 반대를 하자 "이 신규 사업이 실패를 하면, 내가 책임지겠다"라고 전무가 큰소리친다. 그것으로 그대로

6장 생각하는 힘과 싸우는 힘의 결합

결정돼 버린다. 이렇게 근거는 없지만 박력 있는 의견이 회의에서는 효과가 있다.

하지만 전무가 책임을 지고 물러난다 해도 회사가 입은 손해는 어떻게 할 것인가? 의견이 합리적이라면 그 근거를 보여주면 된다. 말하는 태도에 미혹되지 말고, 확실한 근거가 있는지 생각해 봐야 한다. '전무가 무슨 말을 하든 판단할 수 있는 실질적 근거는 아무것도 없었다'라고 생각하고 있어야 한다. 그렇게 함으로써 상황 변화에 재빨리 대처할 수 있다.

관행과 통념에
얽매이지 않는 합리주의

무로마치 중기의 무장 아사쿠라 토시카게는, 자신의 머리로 생각한다고 하는 점에서 눈에 띄는 인물이다. 그는 전통, 인습, 시대의 풍조로부터 자유로운 사람이었다. 토시카게가 아들 우지카게에게 남겼다고 전해지는 『아사쿠라 토시카게 17조항』에는 토시카게의 합리적 사상이 잘 나타나 있다.

토시카게가 살았던 시대는 길흉 판단을 하는 것이 일반적이었다. 싸움에 나설 때도 나아가는 방향이 흉으로 나오면, 일단 다른 방향으로 갔다가 거기서 다시 방향을 틀어 목적지로 향하는 식이었다. 그러나 토시카게는 이런 풍습을 미신이라 하여 싫어했다. 날짜나 방향 같은 것에 신경을 쓰면 싸움에서 이길 수 없다. 날이 안 좋아도, 방향이 안 좋아도, 이길 수 있는 찬스를 놓칠 수는 없다고 생각했다.

"이겨야 하는 싸움이나 손에 넣어야 하는 성을 공격할 때, 날짜나 방향이 신경 쓰여 시간을 낭비하는 것은 좋지 않다. 아무리 좋은 길일이라 해도, 태풍이 심한 날 혼자서 배를 타고 적의 대군과 맞서 싸운들 승산은 없다. 방향이 안 좋고 길일이 아니더라도, 자세한 정보를 수집해 임기응변으로 책략을 세우면, 승리는 틀림없다."

(『무사도 사무라이 정신의 언어』 아사쿠라 토시카게 지음)

전국 시대는 합리주의가 뿌리를 내려가는 시대였다. 권위보다는 실력을 인정해 주고, 미신을 무시하는 무장이 등장했다. 토시카게는 그 첨단을 걸어간 인물이다. 『17조항』에는 다음과 같은 합리주의적 교훈이 많다.

① 로쥬(老中, 에도 막부의 장군인 쇼군의 직속으로 국가 정사를 돌봤다), 카로(家老, 지방호족인 다이묘의 으뜸 가신)를 세습제로 해서는 안 된다. 그 사람의 역량과 충성심을 보고 임명해라.
② 명검과 명창을 욕심내는 것은 바람직하지 못하다. 전쟁에서는 명검한 자루보다 백 개의 창 쪽이 쓸모가 있다.
③ 성城 내 인사人事는 집안과 상관없이, 본인의 사람됨과 능력에 의해

임명해라.

④ 풍채가 좋지 않아도 용기가 있는 자는 소중히 해라. 겁쟁이라 하더라도 풍채가 좋으면 수행원으로 쓸모가 있다. 어느 쪽도 아니라면 고용할 필요가 없다.

⑤ 정직한 자에게 연 3회 영내를 순찰시켜 백성의 소리를 들어야 한다. 때로는 본인도 변장을 하고, 백성의 삶을 돌아보라.

스스로 생각하며 다른 사람에게 배움을 청하는 토시카게의 사색은, 약 600년 전의 인물이라고는 생각하기 어려운 깊이가 있다. 그 옛날에도 사색하는 사람의 레벨은 높았다. 풍습, 관행, 전통에 얽매이지 않고 자유롭게 생각할 줄 알았던 토시카게를 뛰어넘는 현대인이 몇 명이나 될까?

제7장

미래를 꿰뚫어보는
통찰력

멀리 보라

1

오감을
곤두세워라

◆
◆
◆

일만 하는 사람과 주변을 둘러보는 사람

예리한 관찰력으로
사실을 간파하다

레이첼 카슨의 『침묵의 봄』은 하나의 우화로 시작된다.

"어느 해인가 봄이 왔는데도, 자연은 침묵하고 있었다. 침묵의 봄이
었다. 닭은 알을 낳았지만 병아리로 부화하지 못하고, 새끼 돼지가 태어
났지만 2, 3일 후에 죽어 나가고, 사과나무는 흐드러지게 꽃을 피웠지
만 꿀벌은 그림자도 비추지 않고, 그 해의 봄은 고요하기만 했다. 꿀벌이
찾아주지 않는 사과나무는 열매를 맺지 않았다. 살아 움직이는 것은 없
고, 세상을 지배하는 것은 오직 침묵뿐. 냇가에서도 생명의 불꽃은 사라
졌다. 지금은 낚시를 하러 오는 사람조차도 없다."

1962년 레이첼 카슨은 『침묵의 봄』을 발표하고, 합성 살충제와 제초
제 사용이 생태계를 파괴할 것이라고 경고했다. 카슨은 1960년대에 환
경 문제를 고발한 미국의 생물학자로, 내무성 어류 야생 생물국에서 근
무했으며, 이후 저술에 전념했다.

많은 종류의 새들이 죽어 있는 것을 보며, 당시의 사람들은 불길한 예
감에 불안해했다. 어느 누구도 그 원인을 추측조차 할 수 없었지만, 그
녀는 면밀히 조사한 결과 살충제와 울새가 죽어가는 인과관계를 증명해
냈다.

느릅나무가 병에 걸리는 것을 방지하기 위해, 느릅나무를 갉아 먹는 벌레를 죽여 없애는 살충제를 뿌렸다. 지렁이는 떨어진 느릅나무 잎을 먹게 되고, 살충제는 결국 지렁이 몸속으로 들어가게 된다. 봄이 되면 울새는 몸속에 살충제가 투입된 지렁이를 먹게 된다. 살충제가 묻어 있는 낙엽을 지렁이가 먹고, 그 지렁이를 울새가 먹고 죽어간다. 이렇게 살충제 사용에 의해 울새가 죽어갔던 것이다.

자연 속에서 이러한 먹이사슬의 재앙은 여기저기서 일어나고 있다. 지렁이를 먹는 포유 동물, 작은 새를 잡아먹는 수리부엉이나 매한테까지도 영향을 미친다. 자연계는 단독으로 혼자 존재하는 것이 아니라, 먹이사슬로 연결돼 있다.

카슨이 연구 조사를 시작했을 당시는, 이러한 먹이사슬이 세상에 알려져 있지 않았다. 설마 울새가 죽은 원인이 살충제일 것이라고는 예상도 하지 못했다.

이 사건을 보면 카슨이 얼마나 섬세한 감성의 소유자인지 알 수 있다.

카슨의 저서 『침묵의 봄』에 충격을 받은 케네디 대통령은 과학 자문위원회에 조사할 것을 명령한다. 조사가 시작된 지 8개월 후 위원회는 농약을 만드는 회사와 농수산부를 비판하는 조사서를 발표했다.

『침묵의 봄』은 많은 문명국가에 충격을 주었고, 자연보호와 환경보호 운동의 선구적 역할을 했다. 10년 후 1972년, 미국은 유기 합성 살충제 DDT 사용을 전면적으로 금지했다.

우리가 매일 살아가는 현실 속에서도 오감을 곤두세우고 있지 않으면,

눈치채지 못하고 지나쳐 버리는 작은 신호들이 산재해 있다. 미래를 예측할 수 있는 통찰력은 결국 작은 신호에도 민감하게 반응할 수 있어야 가능하다. 사실 우리 삶에서도 신호에 민감한 사람과 그렇지 못한 사람이 있다. 신호에 민감하게 반응하기 위해서는 오감을 예리하게 갈고닦아 놓지 않으면 안 된다. 이 중요한 사실을 나는 『침묵의 봄』에서 배웠다.

합리적 사고에도 감성이 필요하다

레이첼 카슨의 어머니 마리아는 자연의 신비와 아름다움을 관찰하는 능력을 길러 주었다. 지구상의 모든 생물이 서로 협력하며 살아간다는 사실을, 미국 펜실베이니아 주 피츠버그 교외에 있는 숲과 초원 등을 산책하며 가르쳤다. 카슨이 남긴 마지막 저서 『Sense of Wonder』에서 우리는 그녀가 감수성이 풍부했다는 사실을 알 수 있다. 『Sense of Wonder』란 신비하거나 불가사의한 것에 놀라서 눈이 휘둥그레지는 감성感性을 말한다. (이하 인용은 『Sense of Wonder』, 레이첼 카슨 지음)

"달이 뜨지 않은 밤이었습니다. 나는 친구와 둘이서 바닷가로 산책을 나갔습니다. 바다에 둘러싸인 그곳은 마치 작은 섬에 있는 느낌이었습니다.

저 멀리 펼쳐지는 수평선은 한 폭의 그림과도 같았습니다. 우리들은 하늘을 이불 삼아 나란히 누워, 별들이 반짝이는 밤하늘을 올려다보고 있었습니다.

밤의 정적 속에서 항만 입구 저편으로부터 평화의 소리가 들려옵니다. 멀리 떨어져 있는 해안에서 들려오는 이야기 소리가 한 마디, 두 마디 바람을 타고 들려옵니다. 별장의 불빛이 둘, 셋 보입니다. 그곳에는 평화와 나, 친구, 그리고 수많은 별들만이 있었습니다.

나는 지금까지 그날 본 밤보다 아름다운 별밤을 본 적이 없습니다. 여름 밤 하늘을 가로질러 흘러가던 아지랑이와도 같은 은하수, 반짝반짝 빛을 내던 여러 모양을 한 별자리들, 수평선 가까이에 유난히도 깜빡이던 이름 모를 별들, 별똥별이 하나, 둘, 빛의 속도로 지구의 대기권 안으로 날아들었습니다."

밤의 정막에 둘러싸인 고요함 속에서 그녀는 우주의 고동 소리를 들었던 것이다. 게다가 비가 오는 날까지도 그녀에게는 자연과 소통하는 절호의 찬스였다.

"비가 오는 날은 숲속을 산책하기에 더 없이 좋은 기회라고, 나는 예전부터 생각해 왔습니다. 비가 내리는 숲속은 맑은 날보다도 생동감 있고, 짙은 녹음의 선명한 초록을 자랑하며 더욱더 아름답게 빛납니다. 침엽수의 잎은 은색의 옷으로 갈아입고, 양치식물들의 잎이 무성하게 우거진

비 내리는 숲속은, 마치 정글에 온 듯합니다. 침엽수의 뾰족하고 날카로운 이파리 끝에 대롱대롱 매달렸다 끝내 떨어지는 빗방울들은 맑고 깨끗한 수정과도 같습니다.

겨자색, 살구색, 그리고 진홍색 같은 신비스러운 색을 띤 버섯들이 부끄러운지 살며시 얼굴을 내밀고, 시들시들 갈색을 띠며 말라가던 이끼들도 선명한 녹색으로 생기를 되찾습니다.”

느슨한 사고와
긴장된 사고

‘감성이 비즈니스에 직접적인 영향을 미치는가?’라고 묻는다면, 아마도 답은 ‘노No’일 것이다. 하지만 장기적 안목으로 본다면, 그 사람의 인생관이나 직업관에 있어서 깊은 차이가 생긴다. 일 지상주의인 사람과, 자연과의 소통을 꾀하는 사람은 인생관이 크게 다르다.

자연과 접하면 자신이 얼마나 작은 존재인가 실감하게 된다. 자연의 거대함에 겸허해지고, 자기중심적인 사고를 반성하게 된다. 침엽수의 뾰족하고 날카로운 이파리 끝에 매달린 빗방울, 서로 다른 신비스러운 색을 띤 버섯들이 얼굴을 내민 모습, 축 처져 있던 이끼가 비 온 뒤 생기를 되찾는 순간을 지켜보면서 자연스럽게 관찰력이 길러진다.

반면에 일 지상주의의 사람은 일과 직접적으로 관련이 없는 일에는 그저 시간 낭비라고 생각해 관심조차 두지 않는다. 그러나 나비효과처럼 전혀 상관이 없는 것처럼 보이던 어떤 작은 일이 결과에 크게 영향을 미치는 일은 적지 않다. 직진만 꾀하는 사람일수록 그 작고 미세한 신호에 둔감하다.

카슨이 화학약품과 환경파괴의 인과관계를 감지한 것도, 남들 눈에는 대수롭지 않게 여겨져 스쳐지나갈 신호를 예리하게 알아차린 덕분이다. 그것은 어린 시절 엄마와 자연을 접했던 경험이 길러준 예리함이 아니었을까.

"가을이 왔는지 확실히 눈에는 보이지 않지만, 바람 소리에 가을을 느끼고 소스라치게 놀랐다." 헤이안 시대의 가인, 후지와라 토시유키가 노래한 것처럼, 그 옛날부터 일본인은 사계절의 변화를 섬세한 감성으로 표현했다. 그러나 지금의 일본인은 꽃과 나무를 가까이하고 자연을 노래하던 감성을 잃어가고 있다. 고층 빌딩에서 컴퓨터를 상대로 일을 하다 보면, 모든 일이 마음먹은 대로 이루어지는 듯한 착각에 빠지기 쉽다. 인공적 환경 속에서 생활하다 보면 내면의 소리를 듣지 못하고, 확실히 손에 잡히고 눈에 보이는 현실만 보게 된다. 감성은 둔해지고, 점점 오만불손해져 간다.

감성이 풍부하던 옛 사람들처럼 유연하게 사고하기 위해서는, 자연과 함께하는 시간을 가져야 한다. "자연과 마주하면, 오감은 예민해지지만 사고력은 유연해진다."라고 미국의 금융전문가이자 미술품 수집가인 조 프라이스는 말한다.

2

세상의 신호를
예리하게 포착하는 법

◆
◆
◆

힌트는 생활 속에 널려 있다

신호임을
재빨리 알아차려라

생활 속에 널려 있는 미세한 신호를 알아차리기 위해서는 '하인리히의 법칙'이 도움이 된다. 미국의 대기업 보험회사 부장이었던 하인리히가 1929년에 발표한 노동재해에 관한 경험칙이다. "한 건의 사망 사건이나 중상 등 큰 재해가 발생하기까지는, 29건의 찰과상 같은 가벼운 사고가 있고, 그 배후에는 등골이 오싹해질 만한 300건의 잠재적인 사고가 있다"고 한다.

잠재적인 사고를 그냥 지나치지 말고 더 큰 사고로 이어지기 전에 대책을 세운다면, 재해를 예방할 수 있다.

나는 일을 할 때 의문이 생기면 바로바로 메모를 해둔다. 메모가 쌓이면 나중에 큰 문제를 일으킬 만한 신호인지 아닌지 어느 정도 감이 온다.

하인리히의 법칙은 사건을 통찰하는 직접적인 힌트는 아니더라도 영향을 미치는 요소, 즉 미세한 신호를 조금이라도 빨리 알아차리는 데 많은 도움이 될 것이다.

사건의 본질은 배후에 숨겨져 있어도, 반드시 작은 신호는 있게 마련이다. 사건은 갑자기 일어나는 것처럼 보이지만, 실상 인과관계는 끊임없이 일어나고 있다.

관점이 다르면
결과도 완전히 달라진다

"직원이 회사 컴퓨터를 사용해 올리브 오일 수입 판매 아르바이트를 하고 있는 것 같다"며 오래된 단골 고객으로부터 상담이 들어 왔다. 그 직원이 점심시간에 올리브 오일 사이트에 들어가는 것을 동료들이 자주 목격했다고 한다. '만약 정말로 올리브 오일 수입 판매를 했다고 해도, 점심시간을 이용한 아르바이트가 문제가 되는 것인지'에 관해 물어왔다.

이런 상담을 별로 경험이 없는 젊은 변호사에게 맡기면 대부분 다음과 같은 조언을 한다.

① 여러 명의 동료들로부터 더 구체적인 증언을 모아 오라든지, 언제쯤 어떤 내용의 화면을 보고 있었는지, 구체적으로 묻는다.
② 다음은 본인에게 사실을 확인한다.
③ 고용 규칙으로는 사원의 아르바이트를 원칙적으로 금지하고 있지만, 근무시간이 아닌 점심시간이라는 점에서 징계 처분은 애매하다고 한다.

하지만 나는 완전히 다른 관점에서 바라본다. 동료들의 구체적 증언은 물론, 만일을 위해 다음의 세 가지도 조사를 한다.

① 접대비 조사

② 출장비 조사

③ 업무용 컴퓨터와 업무용 휴대폰의 사용 내역서 체크

출장 보고서, 접대비 보고서에 첨부된 영수증을 조사해 보면 백지 영수증에 본인이 금액을 써넣는 경우도 종종 있다. 업무용 컴퓨터를 사적인 오락용으로 사용하는 경우나, 업무용 휴대폰으로 게임을 하는 예는 일일이 열거하기 어려울 정도이다. 이 세 가지 조사는 다른 부정행위를 추측해 볼 수 있는 신호인 것이다.

사건을 처음 맡을 당시부터 경험이 부족한 젊은 변호사와 나는, 이 사건이 어떻게 전개될 것인가에 대한 관점부터가 다르다. 경험이 부족한 젊은 변호사는 '아르바이트는 고용규칙 위반이냐 아니냐'는 관점에서 출발하지만, 나는 '이 사건 외에도 틀림없이 부정행위를 하고 있을 것이다'는 관점에서 출발한다.

어디에 역점을 두느냐에 따라 결과는 판이하게 달라진다.

빙산의 일각만 보는가, 수면 아래까지 보는가

그러면 경험이 별로 없는 사람과 내 판단의 차이는 결국 어디에 근거하는 것인가? 맨 처음 우리들이 손에 쥘 수 있는 신호는 빙산의 일각에 불과하다. 어떠한 일도 처음부터 전체적인 그림이 펼쳐지지는 않는다. 맨 처음 손에 쥔 신호를 빙산의 일각으로 보느냐, 그게 전부라고 보느냐의 차이로 일 잘하는 사람과 일 못하는 사람으로 갈라진다.

첫째, 주말에 개인 컴퓨터로 개인 메일을 사용해 판매를 하는 것과, 회사에서 업무용 컴퓨터로 회사 메일을 사용해 판매를 하는 것은 근본적으로 다르다. 주말에 자택에서 개인 컴퓨터로 개인 메일을 사용해 아르바이트를 한다면, 회사 일에는 전혀 피해를 주지 않을 것이다.

둘째, 개인 사업에 회사 메일을 사용한다는 그 자체가 문제가 된다. 바이러스에 감염되어 해커에 의한 공격 대상이 될 가능성도 커진다. 특히 대기업인 경우 사원 메일 주소가 제삼자에게 유출되어 불법 시장에서 거래될 가능성도 배제하지 않으면 안 된다. 그 결과 바이러스 메일, 해커의 침입 등 회사 보안 시스템에도 구멍이 뚫릴 수 있다.

셋째, 이 직원처럼 작은 용돈벌이를 하는 타입은 회사의 돈을 훔친다거나 횡령을 한다거나 하는 큰 위법 행동은 하지 않더라도, 틈만 나면 자잘한 이익을 추구해 움직인다. 경험이 별로 없는 미숙한 사람과 나의 차이점은 그런 사람을 보는 관점이 다르다는 것이다.

실제로 의뢰받은 사원을 조사해본 결과, 여러 부정행위가 발각되었다.

이탈리아 토스카나 지방의 올리브 오일을 수입 판매하고 있었던 것은 사실이었다. 회사 점심 시간뿐만이 아니라 근무 시간 중에도 메일이 들어와 있었다. 휴대폰에도 문의가 있었다. 이런 결과는 그리 놀랄 만한 일은 아니다. 고객으로부터의 구매 요청이 점심 시간에 한해서만 올 리는 없다. 시간에 상관없이 주문이 들어오는 것은 당연한 일이다. 근무 시간 중에도 문자나 메일이 오면, 당연히 확인하게 마련이다.

회사 카드로 결제한 직원의 접대비에도 대학 동기들과 함께한 식대와 술값, 또 회사 일과는 관계없는 업자(아마도 올리브 오일 관계업자)와의 접대비가 포함된 사실도 발각되었다. 출장비에도 의심 가는 부분이 눈에 띄었다. 불필요한 거래처와의 골프대회 참가를 위한 출장, 여성을 동반한 한국과 대만 출장 등이었다.

이런 점을 더 깊게 조사하면, 배임죄(주어진 임무를 저버리고 자기의 이익을 위해 회사에 재산상의 손해를 끼치는 죄)와 사기죄의 가능성이 커진다. 하지만 추궁을 두려워한 나머지 문제의 직원은 본인 스스로 사표를 제출해 왔기 때문에, 퇴직금 없이 처리되었다.

아마도 미숙한 사람에게 이 일을 맡겼다면, 배임죄에 해당되는 일말의 사건은 발각되지 않았을 것이다. 단지 직원의 아르바이트 금지 조항을 이유로 징계처분 정도로 종료되었을 것이다.

미숙한 사람의 일 처리는 지금 당장 발등에 떨어진 불만 끌 뿐이다. 불이 나는 근본 원인을 밝혀내지 않으면, 같은 종류의 일들이 끊임없이 일어날 것이다. 2, 3년 후에는 담배꽁초의 원인을 밝혀 내지 못해 산불로 번지는 식의 사태로까지 확대된다. 숨겨진 악재는 숨어 있는 동안 몸집을 키운다.

이처럼 맨 처음 손에 쥔 신호를 간파했느냐에 따라 향방은 달라진다.

3

전체를 보고
시작하라

◆
◆
◆

장기적인 안목

전체를
조망하라

　장기의 명인 오오야마 야스하루는 타이틀 획득 80회, 우승 124회, 전체 1천433승을 기록해 '사상 최강의 기사'라 불렸다. 오오야마 명인은 장기판 한 곳에 시선이 머무는 시간이 5초도 안 됐다고 한다. 이는 전체를 보기 위함이다.

　그러나 초심자는 시합이 시작되면, 작은 이익에만 눈이 간다. 작은 이익에 눈이 멀어 결국에는 옴짝달싹도 못하게 된다. 장기판 전체를 바라보며 때로는 미끼를 던져 대어를 낚는 감각이 없다.

　전쟁을 시작하는 것은 간단하지만, 끝내는 것은 쉬운 일이 아니다. 전쟁을 시작하기에 앞서 끝내는 방법까지 모색하는 장수가 전쟁의 프로라고 할 수 있다. 결혼도 일시적 감정과 열정으로 할 수는 있지만, 이혼할 때는 그 10배의 에너지를 필요로 한다. 어떤 일이든 일을 시작하기 전에, 미래에 생길지도 모를 안 좋은 일까지 계산에 넣고 시작해야만 한다.

　두말할 필요도 없이 기업 경영에서도 마찬가지다. 시작하기는 쉽지만 일단 시작한 것을 그만두기는 쉽지 않다. 성공리에 끝내기는 더군다나 어렵다. 그래서 일을 시작하기 전에 끝도 생각해 두어야 한다.

　하지만 일본 육군은 전쟁을 종결할 구체적 계획이 없었다고 한다. 연합 함대 사령관 야마모토 이소로쿠는 "연합 함대는 1년 정도 싸울 수 있지만, 그 이후는 장담할 수 없다"라고 말하며 전쟁을 반대했다고 한다.

그러나 일본은 이긴다는 확신도, 전쟁 종결의 시나리오도 없이 태평양 전쟁에 돌입했다.

근거도 없이 '어떻게든 되겠지'라는 막연한 낙관론이 우리에게 스며들고 있다. 상황에 떠밀려 코앞의 것밖에 보지 못하는 일본적 사고의 결점을 깊이 반성해야만 한다.

소송 사건도 마찬가지로, 결과를 생각하며 싸워야 한다.

소송 사건의 의뢰를 받고 의뢰인의 설명을 들으면 누구나 승패를 예측할 수 있다. 그러나 막상 일이 진행되면, 그리 간단치만은 않다. 요즘은 민사소송도 기간이 꽤 단축됐지만, 예전에는 2~3년은 기본이었다. 난해한 사건은 4~5년도 부지기수였다.

하지만 3년 정도 세월이 흐르다 보면, 소송을 둘러싼 상황도 여러 변수가 생긴다. 처음에는 의뢰인도 증인이나 증거 수집에 열심이지만, 장기전으로 가면서 슬슬 지쳐간다. 처음의 뜨거운 열정은 사라지고, 게다가 담당 변호사까지 바뀌면 상의를 할 때도 흐지부지, 매너리즘에 빠져들어 "져도 좋으니 빨리 끝내자"고 한다.

처음의 열정으로 끝까지 가면 이길 수밖에 없는 소송도 이렇게 예상 밖의 결과를 가져오기도 한다. 의뢰인의 열정이 식는 문제 외에도 증인이 배신을 하고 상대편 증인석에 서기도 하고, 증인이 죽는 경우도 있다. 의뢰인이 지쳐서 포기해 사건을 접어야 하는 경우도 있고, 의뢰인의 자금 사정에 문제가 생기기도 한다. 당초 예상도 못했던 여러 변수는 수시로 일어난다.

불리한 지점에서부터
시작한다

나는 사건을 맡으면 대략 다음과 같은 순서를 밟아 결론을 유추한다.

① 관련정보를 수집하고, 유리한 점과 불리한 점을 분석한다.
② 사건 전체 구조를 파악한다.
③ 결과가 좋을 경우, 나쁠 경우에 대비해 대책을 세운다.

'정보 수집, 구조 파악, 대책 마련'의 순서는 협상, 분쟁 처리, 위기 관리에 아주 유용하다.

정보 수집을 할 때는 유리한 정보만 수집하는 것이 아니라 불리한 정보 수집에 더 중점을 둔다. 유리한 정보는 애쓰지 않아도 손에 들어오지만, 불리한 정보는 수면 위로 드러나지 않는다. 끊이지 않는 결함상품의 리콜 사건이 그런 예다. 입이 무거운 담당자로부터 신뢰를 얻어 불리한 정보를 수집하는 것도 변호사의 능력이다.

관련 정보를 어느 정도 수집하면, 분쟁의 전체 구조를 파악한다. 의뢰인에게 있어서 이 사건에 이길 경우 어떤 이익이 있고, 패했을 경우 어떤 손실이 있는지 검토한다. 얻는 것과 잃는 것, 금전적인 손해와 이득이 대략 어느 정도인지, 3억 원 정도인지, 10억 원 정도인지, 100억 원 정도인지 계산에 넣는다.

인간은 어떤 일을 당하면 크고 작음을 떠나 패닉 상태에 빠져 과도하게 반응한다. 그러나 의뢰인에게 목적하는 바, 즉 이겼을 때와 졌을 때 어느 정도의 금전적 손해와 이득이 발생하는지 분석해 주면, 심리적 안정감을 얻는 것은 물론 목적지에 도달하기 위해 무엇을 준비해야 할지 발 빠르게 움직일 수 있다.

사건 전체를 파악한 다음, 대책을 세우고 결과를 예측한다. 다수의 옵션을 생각하고, 늪에 빠지지 않도록 주의하며, 저자세로 갈지 고자세로 갈지도 생각한다.

만약 피고라면 맞소송을 할 수도 있다. 이쪽이 원고라면 상대의 재산을 가압류할 수도 있고, 상대를 흔들 수 있는 약점은 없는지 철저히 조사한다. 때로는 피고, 원고의 최고 책임자끼리 법원 밖에서 만날 수 있는 기회를 만든다든지, 매스 미디어를 이용한다든지, 여러 옵션을 생각하며 결과를 예측한다.

소송의 승패는
3개월 안에 좌우된다

더없이 중요한 것은 격한 감정 싸움으로 사건이 진흙탕이 되지 않도록 서로를 배려하는 마음이다. 쌍방이 감정적으로 대립하면, 끝이 보이지 않는 투쟁이 계속된다. 일찍이 노사분쟁에서 보아왔듯이, 감정 싸움이 격해지면 사건은 노사 쌍방이 원하는 해결책을 찾지 못한 채 시간과 비용만 허비한다.

낚시에서는 조수(밀물과 썰물)를 읽을 수 있어야 좋은 성과로 이어진다.

소송 사건도 마찬가지다. 나의 경험칙에 따르면 3개월, 6개월이 사건의 전환점이 되는 경우가 많다. 기업의 집안 싸움이나 노사분쟁에서도, 처음 3개월 이내에 해결되지 않으면 분쟁은 장기화된다. 그 후 3개월(합해서 6개월)이 지나도 해결되지 않는 분쟁은 진흙탕이 될 위험성이 크다. 그렇기 때문에 3개월 후를 예측할 수 있어야 한다. '지금 시점에서 타협하지 않으면 3개월 후 어떻게 될지'를 예측해야 한다. 분쟁이 장기화 상태가 되었을 때 사전에 불이익을 생각해 두는 편이 실제 상황에 부딪혔을 때 해결이 빠르다.

분쟁이 진흙탕 상태가 되어 버리면 비용 면에서도 손실이 크다. 눈 딱 감고 과감하게 타협하지 않는다면 분쟁의 끝은 보이지 않을 것이다.

4

또 하나의 자신을
의식하라

⬩
⬩
⬩

높은 곳에서 보다

눈앞의 최선이
최악의 결과를 가져오다

높은 곳에 서서 풍경을 보는 것은 전체를 조망하는 것뿐 아니라 자신을 객관적으로 보기 위해 중요한 일이다. 그렇게 하지 않으면 우리들은 항상 일희일비一喜一悲하며 주위 상황에 신경 쓰느라 결단을 주저할 것이다. 주위 환경이나 상황에 휘둘리며 불안한 삶을 살아갈 수밖에 없다.

높은 견지見地에서 세상을 생각하면 자신을 보는 눈도 타인을 보는 눈도 변화해 간다. 자신을 상대의 입장에 세워놓고 생각하는 것도 가능해져 권위자의 말을 맹신하는 따위의 일은 없어진다.

언젠가 자동차 업계에서 국제적 재편성이 가속화된 적이 있다. 제네럴 모터스(GM), 포드, 다임러, 피아트 등 자동차 회사들의 합종연횡合從連橫이 붐이었다. 연 생산 400만 대 이상의 대기업만이 살아남을 수 있다며 '400만 대 클럽'에 드느냐 못 드느냐로 승자의 그룹과 패자의 그룹으로 나뉘던 시절이었다.

그러나 실제로 거대합병을 꾀한 기업들이 눈에 띄는 성과를 올리지는 못했다. 오히려 토요타나 혼다 등 '보수적 경영'을 고집했던 기업이 성장했다. 한때 유행했던 '400만 대 클럽 이론'은 겨우 몇 년 지나지 않아 진부해졌다.

그렇다고 '보수적 경영'이 언제까지나 성장을 계속한다는 보장은 어디에도 없다. 세상을 떠들썩하게 했던 그 어떤 대단한 것들도 3년이면 시들해진다. 세상 어떤 일도 일회성이다. 영원한 것은 사실 이 세상에 존재하지 않는다. 세상은 계속 바뀌어가고, 사람들은 끊임없이 새로움에 목말라 한다. 그러므로 세속에 흔들리지 않는 나만의 가치관이 필요하다.

일을 잘 하는 것처럼 보이는 사람 중에도, 불과 1년 후도 예측하지 못하는 사람이 적지 않다. 비즈니스가 어려운 것은 눈앞의 이익을 쫓다가 최악의 결과를 초래할 수 있기 때문이다.

근무 태만의 부하직원을 가볍게 충고하는 정도로 처리한 일이 당시는 적절한 판단이라고 생각했지만 나중에 직장 내 모럴 해저드moral hazard로 이어지는 경우도 있고, 구조조정을 망설이는 동안 회사가 경영난에 허덕이는 경우도 많다. 최선이라고 생각했던 일이 결과적으로는 최악의 사태를 초래하기도 한다.

눈앞의 일밖에 보지 못하는 사람은 변화의 신호에도 매우 둔감하다. 그러나 장기적 안목으로 생각하는 사람은 변화의 신호에도 예리하게 반응한다. 미래를 통찰하기 위해서는 오감을 예리하게 갈고닦을 필요가 있다. 다수의 의견이라든가 보편적인 상식은 믿을 것이 못 된다.

'멀리 보기'의 중요성을 강조한 사람들

"나무만 보지 말고 숲을 봐라", "멀리 봐라", "매의 눈을 가져라". 이것은 하나같이 하늘을 나는 새의 눈으로 세상을 보라는 교훈적인 말이다.

도쿄 지방법원의 세기 히로시 판사는 재판에서도 '매의 눈'은 필요하다고 말한다. 피고, 원고, 변호인, 검사, 그리고 판사 자리에 앉아 있는 자신을 포함해 높은 곳에서 땅 위를 내려다보는 매의 눈으로 또 하나의 자아가 재판 과정을 주시하면, 그렇지 않을 때보다 더 객관적이고 이성적으로 판단할 수 있다고 한다.

"차분하게 거리를 두고 소송과 그 배후에 있는 분쟁 전체를 직시하는 것이다. (중략) 한 마리의 새가 스타디움 중앙에서 하늘을 향해 힘차게 날아올랐다가, 이번에는 스타디움의 오른쪽 또는 왼쪽으로 내려앉는 모습을 상상해 보자. 처음 스타디움 중앙에서 날아올라 땅을 내려다보는 새의 시선이 사물을 객관적으로 바라보는 눈, 즉 제삼자의 입장에서 보는 시선인 것이다."

(『민사소송 실무와 제도의 초점』 세기 히로시 지음)

뉘앙스는 조금 다르지만 철학자 알랭도 '멀리 보는 것'의 중요성을 다음과 같이 이야기한다.

"우울한 사람들에게 들려주고 싶은 이야기는 딱 하나. '멀리 보라.' 우울한 사람들은 거의 대부분이 근시안적인 사람들이 많다. 인간의 눈은 원래 가까운 거리를 오래 볼 수 있게 만들어지지 않았다. 넓고 먼 곳을 바라볼 때 인간의 눈은 피로를 느끼지 않는다. 밤하늘의 별이나 멀리 보이는 수평선을 바라보고 있을 때, 눈은 편안해진다. 눈이 편안할 때 사고력도 유연해지고 걸음걸이도 한층 더 안정감이 있다. 우울한 사람들이여, 무언가를 해내려고 너무 애쓰지 마라. 비뚤어진 의욕이 점점 자신의 목을 조여 간다. 잘하려고 애쓰지 말고 그냥 먼 곳에 시선을 두어라."

(『행복론』, 알랭 샤르티에 지음)

작사가 마츠모토 타카시는 운전할 때의 마음가짐과 작사의 비결을 다음과 같이 이야기한다.

"나는 드라이브를 할 때 중요한 것은 '시선'이라고 생각한다. 앞차의 미등尾燈에만 시선을 고정하는 것이 아니라, 하늘을 나는 새의 눈으로 자신을 객관적으로 볼 수 있는 시선……

운전할 때뿐만 아니라 살다 보면 주관적인 생각에 사로잡혀 점점 시야가 좁아지기도 한다. 그런 사람들은 눈앞의 일밖에는 보이지 않는다. 흔히 말하는 근시안적인 삶의 태도다.

작사를 할 때도 밤에 감상에 젖어 쓴 시를 아침에 읽어 보면, 유치하기 짝이 없다. 그러나 타인을 의식하면서 쓰고 있을 때는 머리 위에서 내려다보는 또 하나의 나 자신이 있다. 또 하나의 다른 자아는 과거부터 미래까지, 즉 전체를 조망한다."

(니혼게이자이 신문 2001년 8월 8일자)

경영학자 이타미 타카유키는 경영자가 갖추어야 할 첫 번째 조건으로 강한 의지와 신념을 꼽는다. 강한 의지와 신념의 주인이 되기 위해서 '멀리 보는 눈'의 중요성을 강조한다.

"경영자의 첫 번째 조건은 '강한 의지와 신념'이다. 오로지 자신의 사리사욕을 채우기 위해 안달하지 않고, 세상을 이롭게 하기 위해 인생의 목표를 높게 잡는 것이다. 물론 겉만 번드르르한 이상주의를 말하는 것이 아니다. 이상은 높게 현실은 착실하게. 이런 마음가짐이 많은 것을 생각하게 하고, 자기수련의 계기가 된다."

(니혼게이자이 신문 2001년 1월 13일자)

하우징housing 메이커인 세키스이 하우스의 오쿠이 이사오 회장도 '멀리 보는 것'의 중요성을 이야기했다.

"운전면허를 취득한 것은 50살이 지나서다. 그때 터득한 것은 '멀리 보는 것'이다. 막 배우기 시작했을 때는 죽을힘을 다해 핸들을 꽉 잡고, 눈은 보닛 바로 앞만 주시한다. 강사가 바로 앞만 보지 말고, 좀 더 시야를 넓게 먼발치까지 보라며 주의를 준다. 실제로 100미터 정도 앞을 보지 않으면 운전은 늘지 않는다. 나는 태생이 매우 급한 성격이지만, 어떤 판단을 할 때는 의식해서라도 되도록 멀리 보려고 노력을 기울인다."

(니혼게이자이 신문 2001년 1월 23일자)

7장 미래를 꿰뚫어보는 통찰력

조감 사고가 주는
통찰력

다양한 분야의 사람들이 서로 다른 경험을 하면서도 같은 생각을 하고 있다는 점은 굉장히 흥미롭다. 그건 아마도 성공한 사람들이 가지고 있는 것이 어떤 특별함이 아닌 보편적인 것이기 때문이 아닐까.

조감鳥瞰이란 스스로를 높은 곳에 두고 전지적全知的으로 상황을 내려다보라는 뜻이 아니다. 그것은 그저 자기중심적인 사고일 뿐이다. 타인을 얕보는 것이 아니라 높은 곳에서 자신을 포함한 전체를 통찰하라는 것이다. 이렇게 함으로써 기존의 가치관이나 이해관계에 빠져 있던 자신의 시선을 재점검해 볼 수 있다. 조감하는 시선을 가지는 것의 효용성이 바로 여기에 있다.

사물을 보는 시점은 이처럼 전체의 그림을 그리고 멀리 보면서, 예리한 관찰력으로 꿰뚫어볼 때 깊어지는 것이다. 전체상을 그리고 멀리 보는 것이 이차원적인 이미지라면, 사물을 꿰뚫어보는 조감력은 삼차원적인 이미지다.

이러한 조감 사고는 시공時空을 뛰어넘어 현실까지 비상해 철학적인 색채를 더해준다.

유연한 사고를
방해하는 것들

일을 해오면서 나 또한 조감 사고의 중요성을 30대부터 느껴왔다. 하지만 이것을 정말로 뼛속 깊이 의식하게 된 것은 50이 되어서다.

그때그때 주어진 일을 처리하는 데만 정신을 빼앗겨 뒤돌아볼 여유도 없이 하루하루를 앞만 보며 달려왔다. 스스로 열심히 살아왔다고 생각했지만, 사실은 세상이 만들어 놓은 틀에 갇혀 숨가쁘게 달리기만 했다. 스스로 생각하고 결정하고 행동하며 살아왔다고 자부할 수 없다.

수영으로 예를 들면, 40대까지의 인생은 자유형의 초심자일 뿐이었다. 간신히 200미터는 헤엄쳐가지만, 그 다음부터는 지쳐서 허우적거릴 뿐 속도를 내지 못했다. '조감 사고'를 하면 허우적거리듯 한 자리에서 첨벙첨벙 소리 따위 내지 않고, 프로 선수처럼 조용히 속도를 내며 장거리를 헤엄쳐도 지치지 않을 수 있다. 객관적 시야를 갖게 되면 세상의 속박과 굴레로부터 자유로워질 수 있다. 상식, 유행, 사상, 신념, 그리고 금전욕, 명예욕, 야심으로부터 자유로워질 수 있다.

예전부터 절대로 흔들리지 않을 것 같았던 신념마저도 진부해진다. 지금까지 절대적으로 보였던 존재가 상대적이었다는 사실도 깨닫게 된다. 사물을 보다 자유자재로, 그리고 유연하게 사고할 수 있게 된다.

비즈니스뿐 아니라 가정생활에서도 사고방식은 바뀐다.

얼마 전에 요나고로 가족여행을 간 적이 있다. 여행지를 정할 때 동북

지방에서 자란 나는 해변에서 편히 쉬고 싶었는데, 가족들은 산에 오르고 싶다고 했다. 그런데 해변에 대해 내가 갖고 있던 이미지와는 달리 요나고(톳토리현)에서 생각지도 못한 깜짝 놀랄 만한 체험을 했다. '카이케'라는 온천은 해변도 깨끗했고 환락가도 없어서 아주 오랜만에 편안한 기분을 만끽할 수 있었다. 근처의 아다치 미술관 안의 정원은 지금까지 내가 본 그 어떤 정원보다도 최고 중의 최고였다.

나에게는 나를 얽매는 것들이 있고, 아내에게는 아내를 얽매는 것들이 있다. 나의 바닷가에 대한 이미지가 와이프의 산에 대한 이미지보다 확실히 뛰어나다는 보장은 어디에도 없다. 가족 여행 행선지를 정할 때, 아이치현의 바닷가를 고집하지 않았기에 오히려 더 좋은 결과를 얻을 수 있었다. 가끔은 내 고집을 잠시 접어두고, 다른 사람의 의견을 존중해 줌으로써 자신이 성장할 수 있다.

'고집을 꺾는다는 것'은 살면서 더없이 중요한 일이라 생각한다. 우리는 별것 아닌 것에 고집을 부려 결국 불행을 자초하기도 한다. 어린아이의 얘기가 아니다. 고집을 부릴 때와 장소를 구분할 줄 알아야 한다.

별것 아닌 일이라면
내려놓는다

50대에 들어서면서부터 나는 생명, 신체, 자유, 명예에 관해서는 내 가치관을 고집하지만, 그 외의 일에는 고집을 부리지 않으려고 노력하고 있다. 고정관념은 때때로 불행을 초래하기도 한다는 사실을 깨달았기 때문이다. 이 사실을 받아들이지 않으면, 작은 일상에 상처 받으며 평생을 살아가게 된다.

세상에는 명예보다도 돈을 소중히 여기는 사람들이 많다. 하지만 작은 일이라도 명예는 소중히 해야 한다. 돈은 잃어도 회복이 가능하지만, 명예는 한 번 땅에 떨어지면 회복이 불가능하다.

네덜란드의 범신론 철학자 바뤼흐 스피노자는 "지금의 이 순간을 현재의 눈으로 보지 마라. 먼 영원의 눈으로 현재를 보라"고 말했다. 개인의 사사로운 문제는 광대한 우주와 비교하면 한낱 먼지에 불과하다.

'인생에 있어서 별것도 아닌 일에 신경을 곤두세우지 말자.' 이렇게 마음을 먹으면 의외로 일이 잘 풀리기도 한다.

5

시선이 달라지면
인생이 바뀐다

◆
◆
◆

생각의 원근법

가까운 곳과
먼 곳을 균형 있게

현실을 가능한 한 정확히 파악해서 합리적으로 판단하기 위해서는 멀리 보는 사고가 물론 유용하다. 하지만 전체를 멀리 본다는 것은 때로는 부분을 버림으로써 성립된다. 발밑에 있는 돌부리에만 정신이 팔려도 안 되겠지만, 먼 하늘의 별만 응시하며 걷다가 돌부리에 채여 넘어져서도 안 된다. 먼 곳만 바라보고 가까운 곳을 보지 못하면, 발밑에 있는 돌부리에 채여 넘어질 수밖에 없다. 가까운 곳과 먼 곳을 균형 있게 볼 수 있어야만 합리적인 판단을 할 수 있다.

현실에서는 별만 응시하며 돌진해서는 안 된다. 전체와 숲도 중요하지만 마이크로, 즉 나무 한 그루 한 그루도 중요하다.

소설가 시바 료타로의 사물을 판단하는 올바른 견해에 대해, 일본 국제문제연구소 토모다 세키 소장은 신문기자였던 시절을 돌아보며 다음과 같이 말했다.

"베트남에서의 귀국길에 비행기 안에서 시바 씨는 당시 신문기자였던 나에게 이런 이야기를 들려주었다. '신문기자에게는 두 개의 눈이 필요하다. 화성인의 눈과 지하인의 눈.' 시바 씨가 말하는 화성인의 눈이라고 하는 것은 객관적 판단을 할 수 있는 눈, 그리고 지하인의 눈은 서민의 시선으로 바라보는 눈을 의미할 것이다. 객관적 시선으로 숲도 보고 나무들도 바라보며, 권력과는 동떨어진 곳에서 열심히 살아가는 이른바 서민들의 시선도 소중히 하라는 말을 하고자 했던 것이다. 이 말은 시바 씨의 사물을 바라보는 견해였던 것이다.

큰 것에만 집중하면 자칫 중요한 부분을 놓칠 수가 있다. 전체와 부분, 둘 다 볼 수 있는 시선을 갖는다는 것은 그리 간단한 문제는 아니다."

(『시바 료타로의 발자취』, 토모다 세키 지음)

우리는 늘 상황에 따라 전체와 부분, 숲과 나무를 함께 볼 수 있어야 한다. 매일매일의 일상에서 한 그루 한 그루의 나무에 신경을 써 가면서도 전체를 이루는 숲도 소홀히 해서는 안 된다.

매크로와 마이크로 사이를 자유롭게 넘나드는 줌 기능이 있는 카메라처럼, 초점을 맞춰 자유롭게 넘나들 때 상황을 더 정확히 파악할 수 있다.

내 경험에 비춰 얘기하자면, 가까이 보는 것과 멀리 보는 것의 비율은 7대 3 정도가 적당한 것 같다. 7할 정도는 발밑을 보고, 3할 정도는 먼 곳을 응시하는 것이다.

이른바 '생각하는 원근법'. 가까운 곳과 먼 곳을 교대로 보며 융통성 있게 대처하는 것이다. 이런 방법으로 세상사를 보는 습관을 들이면, 이성적 판단을 하는 데 도움이 된다.

"평상심을
유지하라"

야규 무네노리는 에도 시대 초기의 대표적 검술가다. 나중에 에도 막부 2대 장군인 토쿠가와 히데타다의 병법 지도를 명령 받아 가문이 대를 이어 장군 가문의 병법 지도를 전담했다. 나중에 에도 막부의 오오메 츠케라고 하는 벼슬이 내려져, 1만석 이상의 영지를 소유한 무사(다이묘) 대열에 끼게 되었다.

무네노리의 아버지, 야규 세키슈사이가 비전을 전수 받아 '야규 신카게류' 파派의 기본을 구축했고 그 병법을 이어받은 사람이 다섯째 아들 무네노리였다. 무네노리의 아들 야규 쥬베도 무네노리 이상으로 검술이 뛰어났다고 한다.

무네노리는 만년에 『병법가 전서』를 저술하여 야규 신카게류의 무술을 후세에 남겼다.(이하 인용은 『병법가 전서』, 야규 무네노리 지음)

"모든 병법의 기술을 익힌 다음 조금도 남겨두지 말고 미련 없이 버리고, 공허한 상태에서 평소와 다름없는 동작을 한다. 참선을 할 때 잡생각을 버리고 무아지경에 들어간다.*

어떤 일에도 동요하지 말고, 만사에 평상심을 유지하라. 평상심이란,

---

* 이때 잡생각을 하지 않고 있다, 고 의식하는 자체가 잡생각이다. 무네노리가 말하는 공허한 상태는 무아지경의 상태를 말하는 것이고, 병법의 기술이라고 의식하는 자체가 완전히 자기 것이 아니라는 말이다. 이 경지에 오르지 못하면 병법의 명인이라고 할 수 없다.

마음이 평온하고 안정되어 있는 상태를 말한다. 마음에 아무것도 남겨두지 말고 미련 없이 버려 공허한 상태, 바로 그 상태가 평상심이다.(평상심을 잃은 채 다른 사람 앞에서 말을 하면 목소리가 떨리고, 평상심을 잃고 다른 사람 앞에서 글씨를 쓴다면 그 손 또한 떨게 될 것이다.)"

　무네노리는 '미련 없이' 어떤 곳에 집착하지 않는 마음을 중요하게 여겼다. 상식이라든지, 유행이라든지, 현실에 끌려다니면 판단력이 흐려져 타이밍을 놓치게 된다. 돌발적인 상황에 대응하기 위해서는 지금까지의 습관이나 전통도 미련 없이 버리고 마음을 비워 상황에 대응하지 않으면 살아남을 수 없다.

　난관에 직면해도 평상심을 잃지 말고 자유분방하게 대책을 세워 처리해 가야 한다. 지나간 일을 후회할 필요도 없고, 미래에 닥칠 일을 고민할 필요도 없다. 구체적으로 이미지해 보자. 밀려오는 적군의 예리한 칼을 가볍게 피해가며 대적하는 모습이다.

　이런 방법으로 30년 넘게 나는 세상의 분쟁을 처리해 왔다.

30여년간 고전·철학·역사·문학에서 찾아낸 7가지 '생각 도구'

생각이 실력이다

———

2014년 11월 07일 초판 1쇄 찍음
2014년 11월 14일 초판 1쇄 펴냄

지은이   아베 마사아키
옮긴이   이예숙
펴낸곳   솔트앤씨드
펴낸이   최소영

등록일   2014년 4월 07일 등록번호 제2014-000115호
주소   121-270 서울시 마포구 구룡길 19 상암한화오벨리스크 B동 314호
전화   070-8119-1192
팩스   02-374-1191
이메일   saltnseed@naver.com

ISBN 979-11-953729-0-4 (03320)

———

솔트앤씨드

솔트는 정제된 정보를, 씨드는 곧 다가올 미래를 상징합니다.
솔트앤씨드는 독자와 함께 항상 깨어서 세상을 바라보겠습니다.